KB076371

Second Miracle

대한민국 두번째 기적을 위한 미래전략

Second Miracle

대한민국 두번째 기적을 위한 미래전략

황훈진 지음

예미

필자는 2002년 미국에서 MBA를 마치고, 월드컵이 막 시작하던 6월에 세계 최초 경영컨설팅사인 아서디리틀 한국 지사에서 컨설턴트로서 새로운 인생을 시작했다. 국내 대기업을 고객사로 기업의 비전 등 목표 설정부터 신사업·성장, 혁신, 변화 관리, 구조조정, 원가절감 등 기업의 구조 변화를 수반하는 전략 수립을 포함하여 연구개발, 생산, 마케팅/영업 등 다양한 주제와 이슈로 지난 18년간 컨설팅을 수행해 왔다.

그 동안 경영컨설팅을 하면서 여러 깨달음을 얻었지만, 그 중 가장 큰 것은 바로 "환경 변화에 적응하지 못하는 기업은 망한다"는 것이다. 여기에는 크게 두 가지의 핵심적인 내용이 있다.

첫째, 기업을 둘러싼 경영환경, 즉, 기술, 경쟁, 고객, 규제 등의 큰 변화를 읽어 내지 못하고 현재 하던대로 기업을 경영하면 망한다는 것이다. 1997년 IMF 경제 위기 당시 국내 30대 재벌그룹 중 서열 3위 대우그룹을 필두로 10개 그룹이 해체되는 상황이 발생했다. 당시 재계 서열 9위까지 올랐던 모 그룹처럼 해체까지는 되지 않았지만 주력 계열사 매각 등으로 살아남았으나 재계 서열이 추락한 그룹들도 상당수 존재한다. 대마불사를 신조로 빚을 내어 투자하면 무조건 성장한다는 믿음 하나로 기업을 경영하다 투자수익이 자본비용을 감당하지 못하면 망할 수밖에 없는 환경 변화를 읽지 못한 것이다.

둘째, 경영환경 변화를 읽어내더라도 그에 맞는 변화와 혁신을 만들어 내지 못하면 망한다. 필름 카메라 시대의 세계 최강자였던 코닥Kodak은 1990년대부터 디지털 카메라가 대세가 될 것을 미리 읽어내고 디지털 이미지 사업을 준비했지만, 당시 전체 매출의 대부분을 차지하던 필름 중심 성공신화에 매도되어 제대로 된 내부 변화와 혁신을 하지 못하고 결국 무너지게 되었다. 또한 2000년대 중반까지 전 세계 휴대폰 시장점유율의 1/3을 차지하던 노키아는 스마트폰에 가장 먼저 투자하고 가장 많은 스마트폰 기기를 생산했지만, 혁신적인 스크린 터치 기술과 직관적인 OS^Operating System를 적용한 애플의 아이폰에 밀려 휴대폰 사업을 매각하게 되었다. 노키아가 경쟁력이 현격히 떨어지는 자사의 심비안 OS를 포기하고 구글과 손잡아 안드로이드 OS로 대응했다면 휴대폰 시장은 달라질 수도 있었을 것이다. 이처럼 스마트폰이 대세가 될 것을 미리 읽었던 노키아도 심비안 OS를 포기하지 못해 결국 세계 1위였던 휴대폰 사업을 접고 말았다.

환경 변화에 적응하지 못하면 도태될 수 있다는 것은 기업을 넘어 국가 차원에도 적용할 수 있다. 구한말 조선이 일본의 식민지로 전락한 과정을 보자. 당시 조선은 글로벌 패권체계와 변화를 읽어 내지 못하고 장기간 쇄국정책을 고수해 근대화의 시계를 늦추고 말았다. 또한, 1876년 일본과 불평등한 강화도 조약으로 개항한 이후 독립을 지키기 위해 친중, 친러, 친미 등의 전략을 구사했으나, 내부 변화와 혁신이 부족하여 결국 나라가 망하는 국난을 겪은 것이다.

나라가 국난을 겪는 사례는 최근에도 많이 발생하고 있다. 이러한 국가 차원의 위기는 1975년 베트남 패망, 1991년

소련연방 해체, 1990년대 말 아시아 경제 위기, 2010년대 그리스 경제 위기 등 국가가 망하거나 해체되어 약화되거나, 심각한 경제 위기 등으로 국민이 고통 받는 일들이 비일비재하게 발생하고 있다.

우리의 구한말 역사를 보면 청나라 황준헌이 조선에 제시한 ≪조선책략(朝鮮策略)≫ 이라는 책이 있다. 당시 러시아의 조선을 통한 남하를 막고자 조선에 "親중국, 結일본, 聯미국"이라는 전략을 제시했다. 그러나 이 전략은 조선의 입장에서는 두 가지 큰 문제가 있는 전략이었다.

첫째, 전략목표 설정 자체의 문제다. 청나라는 조선에 대한 종속력을 유지하기 위해 당시 가장 큰 적인 러시아의 남하를 막는다는 전략목표를 설정했다. 즉, 조선을 위한 전략목표가 아닌 청나라의 대 러시아 방어가 목표인 것이었다. 잘못된 전략목표 설정은 잘못된 전략으로 연결된다.

둘째, 메이지 유신으로 근대화를 가속화하여 제국주의 열강의 막차에 탑승한 일본의 조선 지배 야욕을 읽어 내지 못했다. 결론적으로 아주 잘못된 전략목표와 전략으로 인해 당시 조선의 위정척사파와 개화파 간 갈등을 더욱 유발하여 내부 분열을 야기했으며, 청나라와 러시아가 일본에 차례로 전쟁에 패하면서 결국 조선은 일본에게 나라를 빼앗기게 되었다.

최근 우리나라를 둘러싼 지정학적 체계가 구조적으로 또다시 급변할 수 있는 상황이다. 급부상하는 중국으로 인해 기존 미국 중심의 글로벌 패권체계의 구조와 틀이 변화할 수 있는 대변혁기를 맞고 있기 때문이다. 또한 AI(인공지능)를 필두로 한 디지털 신기술의 발달로 4차 산업혁명의 초기 상황으로 접어든 지금은 산업과 경제체계가 급변할 수 있다는 것을 보여주고 있다. 우리나라를 둘러싼 이러한 급변하는 환경에서도 내부적으로 보수와 진보 간 국가 중대 사안을 놓고 극한의 대치를 이어가고 있어 변화와 혁신이 힘든 상황이다.

필자는 지금까지 경영컨설팅을 하면서 여러 기업의 미래 전략을 수립한 경험을 바탕으로 우리나라의 국가 전략을 제대로 수립하면 어떻게 될 것인가를 지속적으로 고민해왔다. 우리나라가 미래에 어떻게 나가는 것이 좋을 것인지에 대해 명확한 길을 제시하는 것이야말로 필자가 지금까지 국가와 사회로부터 받은 혜택을 돌려드리는 것이라 생각했고, 그 내용을 책으로 엮었다.

목차

제1장

들어가는 말

　우리가 역사를 되짚는 것은 역사에서 오는 교훈을 벗 삼아 비슷한 실수를 하지 않기 위함이다. 흔히들 역사는 반복된다고 한다. 우리 역사를 되돌아보면 비슷한 실수를 되풀이해온 사례가 무수히 많다. 조선 중기 임진왜란으로 국토가 황폐화되고 수많은 백성이 희생되었음에도 불과 몇십 년 후 병자호란이 일어나 또다시 국난을 겪었다. 또한 구한말 근대화를 하지 못해 주변 강대국의 침략 경연장이 되었고, 결국 중국과 러시아를 이긴 일본에 나라를 강제로 빼앗기는 씻을 수 없는 아픔을 겪었다.

　왜 이러한 역사적 실수를 반복하는가 하는 의문은 누구나 가질 것이다. 또한 작금의 돌아가는 상황을 볼 때 비슷한 실수를 미래에 반복하지 않을 것인가 하는 불길한 예감을 가지면서 등골이 오싹해지는 것은 필자만의 느낌은 아닐 것이다.

　그러면 작금의 상황은 어떠한가?

작금의 상황은 과거 국난 즈음의 상황과 상당히 유사하게 돌아가고 있다. 외부적으로는 중국의 급부상에 따라 기존의 미국 일극 체계의 힘의 균형이 깨져 새로운 균형을 찾아가야 하는 상황이다. 마치 임진왜란 직전과 구한말과 유사하게 급부상한 일본으로 인해 종래 동아시아 균형이 깨지면서 우리가 제대로 대응하지 못해 희생양이 되었다. 북한 핵 문제 역시 지속적인 해결 노력에도 교착 상태에 빠져 북한과 미국의 치킨게임Chicken-Game[1]이 벌어지는 상황이다.

내부적으로는 국가의 중대한 전략 방향을 설정해야 하는 중요한 시기임에도 다른 극단의 생각을 하는 세력 간 화합하기 힘든 다툼이 심각하게 진행 중이다. 친중이냐 친미냐, 북한에 대해 온정주의냐 현실주의냐, 경제 정책 측면에서 자유 시장경제 중심이냐 사회주의적 경제 중심이냐 등 중차대한 이슈마다 각기 다른 입장으로 국론이 크게 분열되어 있다. 글로벌 패권체계의 구조와 틀의 재편 상황에 국론이 분열되어 힘 한번 써보지 못하고 국난을 당한 과거 우리의 국난사를 보면 현재의 상황이 결코 다르다고 할 수 없다. 갈팡질팡

---

1   치킨게임: 게임이론의 모델 중 하나로 어떤 문제를 둘러싸고 대립하는 상태에서 서로 양보하지 않다가 극한으로 치닫는 상황

하다 시간만 지나가고 큰 파도에 힘 한번 써보지 못하고 큰 피해를 오롯이 맞을 수밖에 없지 않았던가.

우리나라가 이러한 근본적인 위험에서 벗어나고 새롭게, 보다 살기 좋은 나라가 되기 위해 무엇을 어떻게 해야 할 것인가에 대한 고민을 끊임없이 해야 할 때다. 역사를 반면교사 삼아 향후 우리를 둘러싼 환경 변화에 따라 어떠한 상황이 전개될 것이고, 어떻게 헤쳐나갈 것인가 살펴보는 것이 중요하다.

필자는 이에 따라 우리나라의 미래전략에 대해 논의를 전개하고자 한다. 먼저 우리나라 미래에 가장 중대한 영향을 미칠 미국과 중국 간 글로벌 패권 경쟁에 대한 분석을 하고자 한다. 미·중 간 패권 경쟁에 영향을 미칠 주요 변수들이 정치, 경제, 사회, 문화 등 다양한 영역에 존재하여 그 결과에 대한 예견도 매우 상이한 것이 사실이다. 이렇게 중차대한 미래 전망에 대해서는 시나리오 분석을 통한 발생 가능한 상황을 설정하는 것이 합리적인 방법이라 생각한다. 따라서 미·중 간 글로벌 패권 경쟁 시나리오 설정에 따른 미래 전개 방향에 대한 이해를 기반으로 우리나라에 대한 전략적 시사점을 도출해 보고자 한다.

대부분의 주요 강대국들은 내부적으로 합의된 중장기적 국가목표를 설정하고 체계적이고 일관성 있게 국가를 운영한다. 그러나 우리는 중장기적인 국가목표가 없기 때문에 초단기적으로 상황 논리에 따라 국가를 운영하고 있는 것으로 보인다. 따라서 미래 글로벌 패권 분석과 향후 우리나라의 바람직한 ambition에 기반해 중장기 전략목표 설정을 다루고자 한다.

이러한 전략목표에 기반하여 목표 달성을 위한 대내외 전략들과 그 전략들을 실행하기 위해 우리가 어떻게 변화해야 하는가와 그 실행체계에 대해 살펴볼 것이다.

Second Miracle

제2장

미·중 간 글로벌 패권 경쟁

제1절 글로벌 분업체계

전 세계는 철저한 분업체계다. 19세기 영국의 경제학자 리카도David Ricardo가 말한 비교우위론에 기반하여 각 나라와 지역은 상대적으로 우위에 있는 재화와 용역을 서로 주고 받으며 살아가고 있다. 이는 재화나 용역에서 비교우위가 없거나, 국제법 위반 등으로 국제 제재를 받는 국가들은 글로벌 분업체계의 바깥에 존재하여 매우 힘들고 가난하다는 것을 의미한다. 그러면 글로벌 분업체계는 어떻게 구성되었는지 알아보자.

글로벌 분업체계는 참여하는 참가자Player, 거래대상Trade, 거래방식Terms 및 유동성Liquidity으로 구성되어 있다. 참가자는 국가나 지역단위, 거래대상은 재화와 용역, 거래방식은 참가 국가 간 거래대상에 대한 자유무역, 보호무역 등의 무역조건을 말한다. 유동성은 글로벌 차원의 원자재Commodity에 해당하는 석유, 석탄 등 자원과 밀, 옥수수 등 식량에 대한 가격 설정 및 거래에 사용되는 기축통화와 기축통화의 수급을 의미한다.

먼저 참가자 및 참가자 별 비교우위 거래대상을 살펴보면 다음과 같다. 미국은 압도적인 경제력, 정치력 그리고 군사력을 기반으로 한 달러 기축통화로 전 세계에 유동성을 공급하는 패권적 우위에 있으며, 글로벌 분업체계를 관리 감독한다.

중국은 전 세계가 필요한 의류, 잡화 등 commodity성 공산품과 내구재를 가장 값싸게 생산할 수 있는 비교우위로 1980년대부터 지금까지 급성장했다. 중국의 값싼 공산품은 2000년대 전 세계에 인플레이션이 없는 성장이라는 이상적인 경제 상태인 골디락스[2] 상황을 가져다 주었다.

---

2   골디락스(Goldilocks): 높은 경제성장을 이루고 있어도 물가가 상승하지 않는 이상적인 경제 상태를 일컫는 경제용어. 영국의 전래동화 〈곰 세 마리(The Three Bears)〉에 등장하는 소녀 골디락스에서 기원한다.

글로벌 분업체계

주요 참가자	미국	중국	일본	유럽연합(EU)		영국	러시아	아세안	브라질	인도	중동
				독일	프랑스						
거래 대상	• 글로벌 최대 수입국 • IT 기기, 바이오 • 금융 등 서비스 • 식량	• Commodity 성공산품 • 자가 IT 및 중공업	• 범용품(소재) • 자동차 • IT 기기	• 프리미엄 자동차, 기계, 중화학	• 항공, 방산, 의약	• 금융서비스 • 에너지	• 에너지 • 농산물 • 방산	• 보유자원 • 중간재 생산기지 • 시장잠재력	• 보유자원 • 시장잠재력	• 기술인력 • 시장잠재력	• 에너지
거래 방식	• 재화 및 금융 등 서비스 및 재산권까지 거래대상에 포함된 전체 다자주의 기반의 세계무역체계(WTO: World Trade Organization) • 쌍방·국가/지역간 무역장벽 완화 혹은 철폐하는 자유무역협정(FTA: Free Trade Agreement)										
유동성	• 미국 달러(USD)가 글로벌 분업체계에게서 유일한 유동성이며, 달러 발행권을 가진 미국은 글로벌 분업체계 관리 감독 역할 수행 • 각국의 모든 화폐는 미국 달러와 환율 메커니즘으로 조정: 주요 참가국의 주기적 외환위기 원인 • 미국은 글로벌 분업체계 유지 및 성장을 위해 유동성 공급(미국의 무역수지 대규모 적자 및 금융 투자) • 미국은 달러 표시 외환보유고 중 일정 부분을 미국 채권 투자로 채무화(Big Circulation of Liquidity)										

일본은 핵심 공산품에 들어가는 부품 및 자동차, 전기·전자 등 산업에서 품질과 가격에서의 비교우위로 큰 경제를 이루고 있다. 독일은 엔지니어링 기반의 프리미엄 제조기술이 필요한 자동차, 기계 등 산업에서 프리미엄 위치를 차지하고 있다. 프랑스는 항공, 화학, 패션 등의 영역에서 비교우위를 점하고 있고, 영국은 금융, 에너지, 바이오 등의 분야에서의 비교우위를 가지고 있다. 러시아는 에너지와 식량으로, 인도는 잠재시장력과 기술인력으로, 브라질은 보유자원, 잠재시장으로, 중동국가들은 에너지 기반으로, 인도네시아 등 동남아 국가는 보유자원, 중국 대체 생산기지 및 잠재시장력 등으로 분업체계에서 역할을 하고 있다.

즉 거래대상이 되는 비교우위의 핵심 요소인 산업력, 보유자원, 잠재시장력 등의 요소 중 하나라도 점하지 못한 대부분의 국가는 이른바 제3세계라고 하는데 글로벌 분업체계 바깥에 존재하여 대부분 존재감이 낮고 가난하다. 또한 국제법이나 유엔 결의 등을 위반하여 국제 제재를 받는 국가들도 인위적으로 글로벌 분업체계에서 배제되고 고립되어 경제적으로 위기를 겪을 수밖에 없다. 이러한 특정 국가에 대한 국제 제재는 일반적으로 글로벌 분업체계를 관리 감독하는 미국이 주도한다. 또한 미국은 특정 국가의 발전을 위해

호혜적 혜택을 주어 글로벌 분업체계 진입과 활동성 증대 등을 지원하기도 한다. 미국은 이러한 관리 감독 파워를 통해 특정 국가의 글로벌 분업체계로 진입과 퇴출 및 활동성 정도 등에 중대한 영향을 주기 때문에 그 국가의 흥망을 좌우하기도 한다.

거래방식은 2차 세계대전 이후 관세 및 무역에 관한 일반 협정GATT: General Agreement on Tariffs & Trade 체제를 거쳐 1990년대 금융, 법률 등 용역에 해당하는 서비스 및 저작권 등의 무형자산인 지적재산권 등을 거래대상에 포함한 세계무역기구WTO: World Trade Organization이라는 큰 체제하에 세부적으로 쌍방 국가 혹은 지역 간 무역장벽을 완화하거나 제거한 자유무역협정FTA: Free Trade Agreement으로 거래방식을 지속적으로 변경하고 있다.

여기서 마지막으로 유동성은 매우 중요한 역할을 한다. 글로벌 분업체계에 참여한 국가들은 필요한 commodity에 해당하는 석유 등 에너지, 구리 등 자원 및 식량을 미국 달러US Dollar로 표시한 가격으로 사고팔 수밖에 없는데, 달러로 된 가격설정과 거래는 달러가 글로벌 분업체계에서 유일한 유동성이라는 것을 의미한다. 2차 세계대전 이후 글로벌 유동성 체계는 달러가 금과 태환 되어, 즉 금 1온스당 35달러를 발행하여 달러가 안정적인 화폐로 인정되는 브레튼우즈 체제Bretten Woods System를 도입하였다. 이는 곧 달러를 전 세계에 공급하는 미국이 글로벌 분업체계를 관리 감독하는 사실상의 유일 패권국가임을 의미한다.

앞서 말한 대로 글로벌 분업체계로의 진입은 한 국가가 경제적으로 성장할 수 있는 기회이며, 퇴출은 곧 가난한 국가로의 추락을 유발한다. 사례로 보면, 일본의 반도체 패권을 저지하기 위해 한국에 반도체를 장려한 미국의 정책으로 한국은 반도체 강국의 기틀을 마련할 수 있었다. 미국이 중국의 개혁 개방을 위해 80년대부터 중국산 공산품을 수입함으로써 중국의 산업화를 가져올 수 있었다. 중국의 글로벌 분업체계 내 진입은 바로 미국이 중국을 끌어들임으로써 가능했던 일이다.

그러면, 이러한 글로벌 분업체계의 작동원리를 살펴보자. 글로벌 분업체계를 관리 감독하면서 동시에 유일한 유동성이며 자국화폐인 달러를 공급해야 하는 미국은 매년 막대한 무역적자 및 각 국가에 대한 금융투자 등으로 유동성을 공급하고 있다. 각 참여자는 비교우위가 있는 거래대상을 주어진 방식대로 거래하여 유동성을 확보하면 이러한 유동성을 다시 글로벌 금융체계를 활용하여 미국 채권 등에 투자하여 '유동성의 대환류Big Circulation of Liquidity'를 만들어 낸다. 글로 벌 분업체계에서 각 국가들은 국가별 운전 자금Working Capital, 대외지급준비 및 벌어들인 유동성 축적 등의 목적으로 일정 규모의 외환보유고를 유지해야 한다. 예를 들어 중국이 지난 40여 년 간 글로벌 분업체계에서 거둬들인 유동성 총 3조 달 러 가운데 1조 달러 이상을 미국 국채 등에 투자하고 있어 지 금까지 미국은 안정적으로 글로벌 분업체계에서 유동성을 공급하고 있다.

제2절 글로벌 패권 경쟁 사례

글로벌 분업체계가 항상 평온한 상태로 유지된 것은 아니며, 크게 세 가지 요인으로 인해 파열을 겪으며 변화해 왔다. 첫째는 글로벌 분업체계를 관리 감독하는 미국이 유동성 수급의 어려움을 극복하는 가운데 발생했다. 2차 세계대전 이후 글로벌 분업체계를 구성한 GATT 체제나 브레튼우즈 체제는 자유무역 중심의 달러 기축통화를 기반으로 한 것인데, 이러한 체계가 유지되려면 미국이 지속적으로 무역수지 적자를 보면서 달러를 글로벌에 공급해야 작동하는 체계이다. 즉 글로벌 분업체계가 활성화할수록 미국은 무역수지 적자 폭이 커지면서 달러를 대량 공급해야 하는 구조이기 때문에 분업체계에 참여한 국가들이 달러 가치에 대한 의구심을 가질 수밖에 없는 아이러니한 구조인 것이다. 그 결과 원래 1달러당 특정 현물 금Gold을 보장하는 태환 정책은 더 이상 늘어나는 달러공급을 지탱하지 못하여 1971년 미국 닉슨 대통령 Richard Nixon은 달러의 금에 대한 불태환 정책Flat Currency으로 글로벌 분업체계에서 유동성에 대한 깊은 우려를 낳았다. 그리하여 달러를 대체한 새로운 유동성에 대한 대안 모색으로 특별인출권SDR: Special Drawing Right 등을 개발하였으나, 주체의 불명확성과 동일한 태환 이슈로 인해 달러가 여전히 대안 부재 속에 글로벌 유일 유동성 위치를 점하고 있다.

둘째는 미국이 재화에 대한 비교우위 상실로 인한 막대한 무역적자를 메꾸기 위해 비교우위가 있는 금융 등 서비스와 지적재산권을 거래대상에 포함한 거래조건을 변경하고자 WTO 체제를 만들어 낼 때 발생하였다. 이러한 WTO 체제 하에서는 기존의 재화에 대한 분업체계를 넘어선 금융 패권 중심의 분업체계로 변화시켜 미국은 지속적으로 더욱 강하게 글로벌 분업체계를 유지하고 있는 것이다.

셋째는 미국이 글로벌 분업체계에 참여한 국가 중 특정 국가를 견제 혹은 배제시키기 위해 발생하였다.

1. 이라크 전쟁과 후세인 정권 몰락

2003년 2차 걸프전으로 미국이 이라크를 침공하여 후세인 정권을 몰락시켰다. 표면적 이유는 이라크가 탈레반을 지원하고 대량살상무기WMD: Weapons of Mass Destruction를 보유하고 있다는 것이었지만, 실상은 당시 이라크가 유로EURO로 석유 수출 일부를 결제하여 commodity에 대한 달러 독점을 위반한 것이 이라크 침공의 주요 이유라고 보는 시각도 존재한다. 당시 유럽연합의 핵심 국가들인 독일과 프랑스가 미국의 이라크 침공의 대의명분인 대량살상무기의 존재에 의문을 제기하며 지속적으로 침공에 반대한 것도 이러한 시각을 뒷받침한다고 볼 수 있다.

결과적으로 2차 걸프전은 글로벌 분업체계의 핵심인 유일한 유동성인 달러에 대한 조그만 도전도 참혹한 결과를 낼 수 있다는 신호Signal를 전 세계에 던짐으로써 석유에 대한 어떠한 가격설정 및 거래도 달러로만 이루어지고 있는 것이다.

2. 유로의 탄생과 그리스 경제 위기

글로벌 분업체계 경쟁요인은 참여국의 기존 체계에 대한 도전이다. 일례로 2002년 유럽연합은 유로EURO라는 새로운 통합 통화를 만들어 내어 유통시키기 시작하였다. 유로는 당시 미국 경제규모와 맞먹는 매머드급 통합화폐로 달러에 대해 글로벌 차원에서 대안이 될 수 있었다. 미국과 전통적 우방인 독일, 프랑스, 이탈리아 등 유럽 주요국이 주축이 된 유로의 탄생은 미국으로서는 솔직히 매우 곤혹스러운 것이었다. 그러나 미국의 여러 정책 자문 기관들은 유로의 한계를 분명히 간파하고 있었던 것으로 보인다. 즉 정치적 통합 없는 경제적 통합을 통한 단일 통화는 참여국 간 산업 및 경제 수준 차이, 각국별 상이한 재정정책 등에 따라 매우 불안정해질 수밖에 없는 구조라는 것이다. 독일은 유로를 사용함에 따라 강력한 산업 및 경제력에 비해 매우 높은 환율로 인한 수출 가격경쟁력을 확보하여 엄청난 경제적 혜택을 누리고 있다. 반면, 그리스처럼 산업 및 경제력이 낮은 남유럽 국가들은 수준보다 훨씬 낮은 환율로 인해 결국 파산할 수밖에 없는 위험부담이 큰shaky 통화라는 것이다. 이는 유로 사용 이후 지속적으로 유럽연합 내 국가들의 주기적 채무불이행 위험에 따른 경제 위기 발생을 봐도 알 수 있다. 그럼에도 불구하고, 유럽연합 주축국들이 달러를 대체하는 새로운 글로벌 유동성 공급을 목적으로 유로를 탄생시켰든 아니든 간에 유로는 기존의 글로벌 분업체계에서 유동성에 대한 달러 독점을 잠재적으로 위협할 수 있는 대안 통화의 위치에 있다고 볼 수 있다.

3. 플라자 합의와 일본의 몰락

일본은 대동아 공영권을 대의명분으로 2차 세계대전에서 미국을 침공하였다. 그러나 핵폭탄을 두 번이나 맞고 전쟁에 참패하는 패전국이 되었으나, 공산주의 저지를 위한 아시아 지역 교두보 역할을 지원하는 미국의 지원에 의해 글로벌 분업체계에 편성되어 빠르게 성장하였다.

일본은 군사적으로는 미국에 압도당하였지만 항상 글로벌 넘버원이 되겠다는 목표로 경제적으로 글로벌 일등 달성을 위해 매진하였다. 그 결과 일본은 80년대 말과 90년대 초 전 세계 GDP의 약 20%를 차지할 정도로 급부상했고, 당시 글로벌 GDP의 약 25%를 차지한 미국은 심각하게 대응할 필요가 있었다. 따라서 미국은 일본의 핵심 산업인 전기·전자 산업의 대항마로 한국과 대만에 필요한 지원을 아끼지 않았고, 한편으로 1985년에는 일본의 대미 무역 흑자 시정을 요구하는 명목으로 엔화의 급격한 평가절상을 단행하는 '플라자 합의Plaza Accord'[3]를 이끌어 낸다. 당시 세계 제일의 막강한 산업역량과는 대조적으로 일본은 글로벌 금융 및 환율에 대해서는 경험과 식견이 별로 없었기 때문에 엔화의 급격한 평가절상이 어떠한 파급력을 가져올지 잘 몰랐던 것으로 보인다.

플라자 합의 전후 엔화 추이
(단위: 달러당 엔)

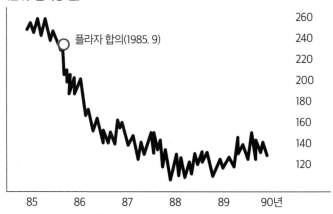

---

3   플라자 합의: 1985년 9월 22일 미국 뉴욕에 있는 플라자 호텔에서 G5 경제선진국(프랑스, 서독, 일본, 미국, 영국) 재무장관, 중앙은행 총재들의 모임에서 발표된 환율에 관한 합의를 가리킨다.

앞 그래프에서 보듯이 플라자 합의 이후 엔화는 달러 대비 240엔에서 120엔까지 절반 수준으로 떨어져, 다시 말해 엔화 가치가 달러 대비 두 배 상승하여 수출에 막대한 타격을 입게 된다. 일본은 이를 만회하기 위해 금리를 내리고 내수를 부양하려 했으나, 이렇게 풀린 막대한 자금은 부동산과 주식 등에 투자되어 엄청난 거품을 만들어냈다. 1989년에는 일본 니케이 지수가 40,000 포인트에 도달했고, 도쿄를 팔면 미국을 살 수 있다는 말이 나올 정도로 부동산 가격도 폭등했다. 그러나 이러한 버블이 붕괴되면서 금융권이 부실해졌고, 당시 일본이 해외에 투자한 돈을 엔화로 환산하면 반토막이 나는 상황이 전개됨에 따라 기업들이 급속도로 부실해지는 상황으로 전개되어 '잃어버린 몇십 년'을 지속시키는 계기가 되었다. 현재 일본의 전 세계 GDP 비중은 5%도 채 되지 않아 90년대 초 전성기의 20%에 대비해 1/4 토막이 난 상황이다.

일본은 글로벌 분업체계에서 제조업 육성을 통해 경제적으로 미국을 능가하기 위해 노력했으나, 인위적으로 조정된 환율에 대한 전략 방안을 찾지 못하고 내수 부양을 위한 잘못된 경제처방을 내림으로써 급속도로 경제적 위상이 무너진것이다.

일본과 마찬가지로 플라자 합의를 통해 급속한 환율 조정을 했던 서독이 프랑스와 유럽연합의 주도권을 쥐고, 경쟁력이 떨어진 마르크화를 대신하여 유로EURO라는 유럽연합EU 통화를 만들어 내면서 위기를 돌파한 것과 대조적이다.

이후 일본은 버블 붕괴 후유증을 극복하기 위해 노령화된 내수 경제 활성화를 위한 각종 정책을 펼쳐왔으나 이러한 정책은 역으로 막대한 재정 적자를 만들어내고 있다. 일본은 버블 붕괴 이후 20여년 간 글로벌 분업체계에서 미국에 이어 압도적 2등 지위에 만족했으나, 2010년 중국에 마침내 2등 자리를 내주고 만다.

4. 소련 해체와 동·서독 통일

2017년 봄, 국내 한 에너지 중심의 그룹이 필자에게 제안 요청을 해왔다. 여름에 있을 사장단 워크샵에서 "4차 산업혁명"에 대한 주제로 강연을 해 달라는 것이었다. 지금도 그렇지만 당시는 2016년 알파고 돌풍 이후 AI를 비롯한 4차 산업혁명의 핵심 기술과 그 전개 방향, 그리고 향후 산업별 변화 내용, impact 및 대응 전략 등은 아주 중대한 주제가 되기 시작한 시점이다. 그러나, 당시 나는 고객사와 미팅에서 에너지 중심 그룹 입장에서 4차 산업혁명이라는 주제도 물론 중요하지만 향후 유가가 어떻게 전개될 것이며 그 이유는 무엇인가가 더욱 중요한 이슈가 아니냐고 역으로 제안했다. 그래서 향후 유가가 어떤 이유로 어떻게 전개될 것인가를 제안해 달라는 요청을 받고 나름의 글로벌 분업체계의 틀 하에 사례를 들어 설명하였다. 그 대표적인 사례가 바로 1980년대 초 저유가 지속에 따른 소련의 해체라고 생각한다. 그러면 먼저 당시 상황을 한번 분석해 보자.

구소련은 2차 세계대전 이후 공산 사회주의 세계를 대표하여 미국과 수십 년간 냉전을 지속해 온 강대국이었다. 소련은 미국과 전 세계를 둘로 나눠 강력한 진영을 구축해 왔다. 동독, 폴란드, 유고슬라비아 등 동유럽 위성국가들을 기반으로 아시아에서는 인도차이나 3국, 중남미에서는 쿠바, 중동에서는 시리아, 아프리카에서는 수단 등 다양한 제3세계 국가들을 지원했다. 소련의 이러한 자기진영 구축 및 유지에는 막대한 비용[4]이 수반되었는데, 이러한 비용은 석유와

---

4   러시아 측 전문가들은 연평균 총국민소득(GNI)의 0.20~0.25%를 집행한 것으로 추산하고 있으며 이를 토대로 금액을 산정하면 1954년부터 1991년까지 총 780억 달러를 원조했을 것으로 추정된다.

밀 수출로 충당되었다.

　1980년 미국 레이건 정부가 들어서면서, 미·소간 신경전이 날카로워지면서 소련을 붕괴시키기 위한 전략이 수립되고 실행된다. 무릇 패권은 경제력에서 나오는 것인데, 당시 소련 경제력의 아킬레스건은 역설적으로 석유였다.

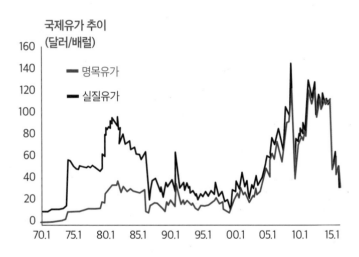

　석유는 소련 수출의 절반 이상을 차지했고, GDP의 1/3 이상이었기 때문에 저유가가 지속되면 소련의 경제가 붕괴

출처: 프로젝트-국내 5대 협력연구기관 공동기획 <세계 싱크탱크 동향분석>, <각국의 ODA 정책 (3)러시아-러시아의 공적개발원조(ODA)>, 김동혁 (고려대) 이상준 (국민대)2018-008

될 수도 있는 구조였다. 이러한 미국의 전략에 따라서 1980년대 유가는 배럴당 10~30 달러 선의 사상 최저유가를 장기간 지속한다. 즉 1980년대 중반부터는 유가가 실질가격으로 1970년대의 1·2차 오일쇼크 당시 대비 1/4 수준으로 떨어진 것이다. 이러한 장기 저유가로 인해 소련은 동유럽 위성국 원조를 급격히 줄일 수밖에 없었고, 소련 경제도 급속도로 악화되었다. 그러자 동유럽 국가들은 소련의 간섭에서 독립하려는 '자유로의 대탈출'을 시작했고, 소련의 15개 연방공화국 중 일부가 독립을 원하게 된 것이다.

이러한 저유가의 지속은 그 강력한 공산 사회주의 벨트를 순식간에 무너뜨린 결과를 낳았다고 볼 수 있다. 1989년 동·서독 통일을 시작으로 동유럽 위성국가들이 독립하게 되고 이어 1991년 소련연방은 15개 공화국으로 해체되어 미국과 대등한 경쟁 관계에서 순식간에 보통 국가로 전락하게 되어 결과적으로 미국이 세계 유일 초강대국으로 등극하게 된다.

그러면 어떻게 1980년대 초저유가 지속이 가능했을까?

유가에 영향을 미치는 요소는 다양하지만, 중·장기적으로는 석유에 대한 수급이 결정한다. 석유는 매우 비탄력적 재화이기 때문에 약간의 수급 변화만으로도 가격이 폭등락하는 속성이 있다. 그러면 이러한 폭등락하는 유가를 중·장 기적으로 저유가로 잡아두기 위해서는 뭔가 인위적인 조정 이 필요하다. 이러한 조정은 미국이 유가를 결정할 힘에 의 해 만들어진다. 석유 최대생산국가인 사우디아라비아는 전 제군주 국가이다. 사우디아라비아 왕은 바로 전제군주인 것 이다. 따라서 사우디아라비아 왕가에 대한 절대적 영향력을 행사할 수 있다면 석유 공급량 조절이 가능하며, 이는 곧 유 가를 조절할 수 있다는 것이다. 1970년대 2차례에 걸친 오일 쇼크이후 1980년대에는 이러한 오일쇼크가 없었다는 것은 유가에 대한 인위적 조정이 중장기간 계속되었다는 것을 의 미한다.

그러면 돌아가서 2017년 봄 국내 모 그룹에 향후 유가 전 개 방향에 대해 이렇게 설명하였다. 지금 미국의 가장 중요 한 전략목표는 중국을 무너뜨려 유일 패권국으로 현재의 글 로벌 분업체계를 유지하는 것이다. 그 첫 단계는 대중국 봉 쇄작전이다. 즉 중국을 도와주는 우방국을 제거하는 것이다. 먼저 러시아, 인도, 한국, 일본과 동남아 국가들, 그리고 유럽 이 모두 중국에 등을 돌려야 한다. 그 첫 관문이 바로 러시아 다. 러시아는 구소련과 마찬가지로 석유로 먹고사는 나라이 다. 러시아가 중국에 등을 돌리게 하려면 큰 선물을 줘야 한다. 러시아에 가장 큰 선물이 무엇이겠는가? 바로 유가를 올려주는 것이다. 따라서 사우디아라비아가 석유 감산을 하면 유가는 자연스럽게 올라가게 되어있다. 향후 미·중 패권 경쟁이 가열될수록 유가가 오를 가능성이 높은 이유가 여기 있다.

제3절 미·중 간 글로벌 패권 경쟁 시나리오

앞서 살펴본 대로 미국은 글로벌 분업체계를 유지하기 위해 다양한 전략을 구사하여 체계 지속성과 안정성을 도모해왔고, 중국은 최근 일대일로(一帶一路)[5]를 선포한 상황이다. 중국은 과거 소련이 공산 사회주의 진영을 갖춰 미국에 대응하였던 것과 유사하게 유럽, 아시아, 아프리카 및 중남미 국가들을 대상으로 일대일로 전략 하에 막대한 투자·원조를 진행하고 있다.[6] 이는 글로벌 분업체계에서 미국에 대응하는 세력을 만들어내어 기존 체계를 허물고 새로운 체계를 만들

---

5   중국이 추진 중인 신(新) 실크로드 전략이다. '일대'란 중앙아시아와 유럽을 잇는 육상 실크로드, '일로'는 동남아시아와 유럽, 아프리카를 연결하는 해상 실크로드를 뜻한다.

6   출처: 2018 중국 대외투자 발전보고서 '2017년 중국의 해외 직접투자 저장량은 1.8조달러에 달해 동기 대비 33.3% 성장하고 세계적으로 차지하는 비중은 5.9%에 달했다.'

어 내겠다는 전략목표 하에 움직이는 것이다. 현재 미국 중심의 일극체계Singular Polarity에서 다극체계Multi-Polarity로 변화를 유발한다는 것이다. 즉 미국은 아메리카 대륙에서 패권을 갖고, 유럽은 유럽연합이, 나머지 아시아, 아프리카 등은 중국이 패권을 가지는 다극체계를 지향하는 것이라 볼 수 있다.

이러한 중국의 전략목표가 명확한 만큼 미국은 그에 대해 어떻게 대응할 것이며 그에 따라 향후 미·중 간 패권 경쟁이 어떻게 진행될 것인지 살펴보자.

1. 시나리오 변수

미래 시나리오 개발에 있어 가장 중요한 첫 번째 단계는 향후 영향을 미칠 '변화의 핵심 요소Key Driver'들을 파악하는 것이다. 이렇게 파악한 변화 핵심 요소 중에서 불확실성과 영향력 평가를 통해 가장 높은 요소를 선정하여 '시나리오 변화 요소Scenario Driver'로 선정하여 미래 시나리오를 개발한다.

이에 따라 미·중 간 패권 경쟁에 영향을 미칠 변화요소를 파악하면, 크게 경제적 측면과 정치적 측면으로 나눠 변수를 도출해 볼 수 있다. 먼저, 경제적 측면으로 보면 매우 다양한 변수가 존재한다. 중국 경제는 세계의 공장으로 값싸고 쓸만한 소비재 완제품의 생산기지인 무역 중심 국가에서 점차 하이테크, 중간재 및 산업재 생산 중심의 산업구조 개편을 기반으로 한 내수 중심국가로 변화해 가는 과정에 있다. 금융 측면을 보면 과거 한국과 마찬가지로 관제 금융을 통한 막대한 생산 투자, 부동산 투자 등으로 기업들의 부채비율이 매우 높은 상황이다. 또한 금융시장은 매우 폐쇄적으로 운용되고 있다.

따라서 중국 경제의 미래 안정성에 영향을 미치는 변수들은 다음과 같다.

A. 대체 생산국 탄생

중국은 commodity성(저가 공산품) 공산품을 가장 값싸게 제조하는 역량을 보유하여 세계의 공장 역할을 수행하고 있다. 글로벌 분업체계에서 값싼 제품을 생산하는 국가였으나 최근 몇 가지 변화의 기류가 보이고 있다. 먼저 베트남, 인도네시아 등 동남아 국가들[7]과 폴란드, 체코 등 동유럽 국가들,

---

7   출처: <한국은행 조사국 해외경제포커스 2019>; 아시안 5국(인도네시아·말레이시아·태국·필리핀·베트남)에 대한 FDI 유입액은 2007년 약 337억달러에서 지난해 약 686억달러로 2배 이상 늘었다. 전 세계 FDI 유입액에서 이들 나라가 차지하는 비중도 2009년 1.9%에서 지난해 5.3%

더 나아가 인도가 새롭게 값싼 제품 생산 기능을 대체해 나가고 있다. 만약 중국에 대한 전 세계적인 견제가 작동한다면 이러한 대체 생산 국가들의 포지션이 더욱 강화될 가능성이 높아질 것이다. 이러한 대체 생산국가들이 늘어날수록 중국이 글로벌 분업체계에서 차지하는 지위는 지속적으로 약화될 것이다.

B. 자산 버블 붕괴

중국은 지난 몇십 년간 급속한 경제성장을 통해 부동산과 주식 가격이 급속히 올랐다. 현재의 자산 가격은 중국 경제의 미래 성장을 선반영한 것이나, 향후 중국 경제성장이 둔화되거나, 불확실성이 증대되면 투자자본의 대탈출Great Exodus[8]이 발생할 가능성이 높아질 것이다. 중국의 부동산 버블은 베이징, 상하이, 선전 등 대도시를 중심으로 형성돼 있다. 실제 중국의 1인당 국민소득은 우리의 1/3 수준인데도 베이징의 주택 가격이 한국의 강남과 비슷하게 느껴진다는

〰〰〰〰〰

로 증가했다.

8　2019년 중국 부동산 시장의 가치는 65조 달러로 추정된다. 이는 2018년 기준 중국 GDP 13조6000억 달러의 5배 규모다.

게 대체적인 견해다. 자산 버블의 붕괴는 금융기관에 대규모 부실채권을 양산시키고 그에 따라 금융부실화를 유발할 것이며, 나아가 민간 소비 및 투자 감소로 이어져 경제공황으로 치달을 수 있다.

C. 대규모 기업도산

중국은 국가 주도 사회주의식 경제개발로 투자의 핵심 기준이 투자수익률 보다는 미래 시장의 잠재력 확보 및 선점에 기반한 시장 점유율이기 때문에 과잉투자를 많이 해온 경향이 있다. 이러한 scale 기반의 투자는 해당 산업이 글로벌 차원에서 성장하면 규모의 경제로 인해 선순환을 이룰 수 있으나, 성장하지 못하거나 판로가 막히면 곧바로 대규모 손실로 이어질 수밖에 없다. 중국 기업들의 생산 가동률을 보면 매년 낮아지고 있다. 일정 기간 동안 자본 충당으로 대규모 손실을 감당할 수는 있겠으나, 특이점을 지나고 나면 대규모 기업도산은 불가피할 것이다.

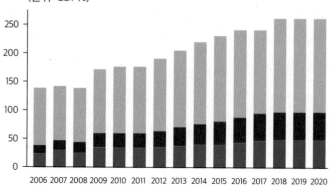

중국의 GDP대비 채무 주체별 비율(06년~18년도 3분기)
(단위: GDP%)

■ 정부부채, ■ 가계부채, ■ 기업 부채

자료원: 국제결제은행(BIS), mattnews Asia estimates

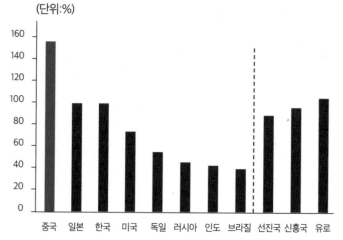

국가별 GDP대비 기업부채비율(2018년 2분기 기준)
(단위:%)

자료원: 국제결제은행(BIS), Bloomberg

D. 산업구조 변화 실패

중국은 종래의 값싼 공산품 생산이라는 글로벌 분업체계 상 지위가 서서히 약화될 것을 알고 지속적으로 산업구조 변화를 주도하고 있다. 크게 두 가지 방향으로 보인다. 첫째, 반도체, 스마트폰, 디스플레이, AI, 대체 에너지 등 범 하이테크 산업에 대한 투자에 박차를 가하고 있다. 둘째, 수출주도형 경제에서 내수주도형 경제로 경제 체질 변화[9]를 주도하고 있다. 그러나 하이테크 산업의 최첨단 기업인 화웨이는 최근 글로벌 차원에서 많은 견제를 받으며 성장 한계에 직면해 있다. 또한 중국 기업의 생산규모 및 내용은 중국 내수용보다는 수출용이기 때문에 내수경제 중심으로의 전환은 많은 비용을 수반할 수밖에 없을 것으로 보인다.

이어 정치적 측면으로 보면 중국은 공산당 일당 독재 기반의 국가사회주의 체제로 생산 수단을 공산당이 독점하고 있으며, 그에 따라 일사불란한 중앙집중적 통제국가체제를

---

9   중국 무역 가운데 가공무역의 비중은 2007년 45.4%에서 2018년 27.3%로 감소한 반면, GDP 중 내수중심의 3차 산업 비중이 같은 기간 42.9%에서 52.2%로 늘었다. 이에 따라 그 동안 세계 수출증가율 보다 높은 증가세를 보였던 중국의 수출은 지난 2016년부터는 세계 수출증가율을 하회하고 있다.

이루고 있다. 따라서 일반적인 자유민주주의 체제의 핵심인 다당제, 선거를 통한 권력 이동, 집회 및 언론의 자유 등이 인정되지 않는 독재 체제다. 중국은 1989년 중국민주화를 외친 톈안먼(천안문) 사건을 무력으로 진압했고, 최근 홍콩 보안법 이슈로 홍콩 내 자유 민주를 외치는 목소리가 높아지고 있다. 또한 티베트는 지속적으로 독립을 원하고 있으며, 신장 지역에 대한 대대적인 탄압도 이어지고 있다. 따라서 종합하면 중국의 정치적 안정성에 영향을 미치는 변수는 다음과 같다.

E. 제2의 톈안먼 사건 발생 (정치민주화)

1989년 북경 톈안먼에 수십만 명의 지식인, 시민, 학생, 노동자 등이 모여 아래로부터의 민주화, 즉 정치개혁과 부정부패 척결, 언론자유 등을 외치며 시위를 이어 나갔다. 중국 공산당은 이를 무력 진압하여 수만 명의 사상자가 발생했다. 중국 공산당 일당 독재의 정당성은 인민을 배불리 먹여 살린다는 모토하의 경제성장이다. 이를 기반으로 일당 독재를 유지하기 위해 언론, 집회, 시위, 거주 등의 기본권을 철저히 통제하고 있다. 그러나 역설적으로 중국의 개혁개방은 도시와 농촌 간의 소득 및 생활 격차를 유발했다. 현재 중국의 지역

간 불균형 증대, 먹고 사는 문제가 해결된 다음 단계로 사람
들이 요구하는 것이 기본적 욕구인 인권, 민주화 등이라는
것을 보면 제2의 톈안먼 사건의 발생 가능성은 높아지고 있
다고 볼 수 있다.

F. 공산당 내 권력투쟁

현재의 중국 통치체제는 마오쩌둥이 죽은 1976년 이후
덩샤오핑이 권력을 잡고 만든 것으로 크게 세 가지 특징이
있는데, 핵심은 공산당 일당독재이지만 권력을 세력 간 분점
한다는 것이다.

첫째, 특정 세력이 권력을 독점하는 것이 아니라 세력 간
권력을 분점한다. 일종의 중국식 권력 분립으로 보인다. 현
재 중국 공산당은 태자당, 공청단, 상하이방 세 개의 큰 세력
이 존재한다. 덩샤오핑 이후 상하이방 출신인 장쩌민이 주석
이 되었고, 이후 공청단 출신의 후진타오, 그리고 이어 태자
당 출신의 시진핑이 주석이 되었다.

둘째, 주석 임기는 10년으로 중간 임기에 해당하는 6년
차에 전인대(全人代)[10]에서 후임 주석을 선임하는 것이다. 즉

---

10   전국인민대표대회의 약칭으로 중국의 입법기구이며 국가 최고 권력을 쥔 기관이다.

권력 승계의 투명성과 가시성visibility을 보여주는 것이다.

후진타오는 중간 임기인 2007년 시진핑을 후계자로 선임했고, 이어 2012년 후진타오가 퇴임하고 시진핑이 주석직을 승계하였다.

셋째, 당권, 행정권, 군권이 각각 나뉘어 운영된다. 당은 총서기, 행정은 주석·총리, 군권은 군사위 주석이 맡게 되어 있는데, 현재 시진핑은 이 세 가지 권력을 모두 장악하고 있다. 과거 장쩌민과 후진타오 주석 시절을 보면 전 주석이 군사위 주석을 계속 유지한 것으로 보아 전임과 후임 간 권력이 분산되어 있었으나, 시진핑 주석은 세 가지 권력을 독점함으로써 장기 독재의 길을 열어 놓은 상황이다.

지난 40여 년간 유지되어온 세력간 권력 분립이 시진핑 시대로 오면서 파기될 가능성이 높아지자 권력에서 배제된 기존 세력들은 잠재적으로 큰 반발을 하고 있다. 이는 특이 시점과 특이 상황에 내부 권력투쟁을 야기할 것으로 보인다. 이러한 내부 권력투쟁은 자칫 내전으로까지 치달을 수 있는 위험을 내포하고 있다.

G. 티베트/신장 독립

중국은 수십 개의 민족으로 이루어진 다민족 국가다. 현재 중국 영토 내 성 가운데 중국의 주류인 한족 비율이 낮은 성이 몇 개 있다. 특히, 원래 중국 영토가 아닌 고유의 민족이 살던 땅을 강제로 병합한 것 중 가장 큰 것이 바로 티베트와 신장 지역이다. 이들 지역은 중국의 서쪽 변방에 위치해 있으며, 상대적으로 중국의 다른 성에 비해 발전이 더딘 지역이다. 이들 지역은 각각 티베트족과 위구르족의 고유 영토였지만, 최근 중국은 이곳의 지역색을 중화하기 위해 수많은 한족을 이주시키고 있다. 티베트는 해외에 임시정부가 있을 만큼 국제적으로 독립을 줄기차게 주장하고 있으며, 위구르족도 마찬가지로 독립운동을 전개해 오고 있다. 만약 중국이 경제적·정치적 이유로 혼란을 겪고, 안정성이 낮아져 중앙정부의 통제력이 약화되면 이들 지역은 언제라도 분리·독립을 시도할 것이며, 이는 과거 소련과 유고슬라비아 해체 과정에서 보듯이 중국 내 다른 소수민족들의 독립으로 이어질 가능성이 있다. 즉 소수민족의 독립 도미노 현상이 발생한다면 중국은 과거 수십 개의 국가로 나눠진 것과 같이 될 가능성도 상존한다.

지금까지 살펴본 것처럼 경제적·정치적 주요 변수를 불

확실성과 영향력 측면으로 나누어 평가해 보면 다음과 같다.

미·중 글로벌 패권 경쟁 시나리오 변수

	트렌드 변수	시나리오 변수
높음 ⇧ **영향력** ⇩ 낮음	a. 대체 생산국가 탄생 c. 대규모 기업 파산 g. 티베트/신장 독립	d. 산업구조 변화실패 e. 제2텐안먼 사건 발생 b. 자산 버블 붕괴 f. 공산당 내 권력투쟁 **돌발 변수**

낮음 ⇦ **불확실성** ⇨ 높음

불확실성과 영향력이 모두 높은 변수가 시나리오 변수가 된다. 상기 변수들을 평가해 보면 경제적 측면에서 산업구조 변화의 성공 여부, 정치적 측면에서 민주화를 외치는 제2의 텐안먼 사건 발생에 따른 정치민주화 여부가 미래 발생 불확실성과 영향력이 모두 높아 미·중 패권 경쟁에서 시나리오 변수가 될 것으로 보인다. 나머지 변수들도 중요하지만, 불확실성이 낮고 영향력이 높은 변수인 중국을 대체하는 생산국 등장 및 대규모 기업 파산은 미래 발생이 될 가능성이 높은 트렌드 변수로 봐야 할 것이다. 따라서 이러한 트렌드는 발생할 것으로 예상하고 미래를 읽어 나가야 한다.

한편, 중국의 부동산, 주식 등 자산 버블 붕괴나 공산당 내 권력투쟁 등은 불확실성이 매우 높으나 영향력 자체는 그리 높지 않은 돌발변수로 보는 것이 타당할 것이다. 티베트와 신장의 독립과 같은 변수는 미래 발생 가능성이 낮을 것으로 보이며, 영향력도 제한적일 것이다. 이는 중국 내 주류인 한족 비율이 절대다수인 92%를 차지하고 있어 소수민족의 독립이 더욱 어려워질 수 있기 때문이다.

2. 패권 경쟁 시나리오

경제적 측면에서 중국이 산업구조 개편의 성공 여부, 정치적 측면에서 제2 톈안먼 사건으로 인한 정치민주화 여부에 따라 향후 미·중 간 글로벌 패권 경쟁은 다음과 같은 네 가지 시나리오 전개가 예상된다.

미·중 글로벌 패권 경쟁 시나리오

높음	❷ New Demo	❶ Collapse of Giant
⇧	강력한 신민주국가 탄생	중국의 정치적 경제적 붕괴
제2 톈안먼 사건 (정치 민주화)	미국과 대등한 세력 확보	경제성장 실패로 개방 이전 시대로 회귀
⇩		
낮음	❹ Pax-China	❸ Back to Mao

낮음 ⇦ **산업구조 개편 실패** ⇨ 높음

먼저 '**시나리오 1**(Collapse of Giant)'은 중국의 산업구조 개편이 실패하고, 동시에 정치민주화가 달성되는 상황으로 미국과의 패권 경쟁에서 패배한다. 경제적으로 산업구조 개편에 실패하여 기존의 수출주도형 저가 공산품 생산 중심의 경제를 유지하는 상황으로 부실기업들의 대규모 도산과 실업률 급증 및 자산 버블 붕괴 등으로 심각한 경제 위기를 겪을 가능성이 높다. 이에 따라 도시 농촌 간 격차, 지역 간 발전 격차, 계층 간 격차 및 민주화 요구 등으로 인해 잠재해 있던 내부적 불만들이 대규모 시위 등의 형태로 표출될 것이다.

이러한 경제 위기와 정치적 혼란으로 현재의 공산당 일당 독재체제가 심각한 위기를 맞을 것이고, 적절한 대응을 못할 경우 독재체제가 종식될 가능성이 상존한다. 그리고 중국 내 민주화 및 중앙정부 통제력 약화 등으로 인해 티베트, 신장, 내몽골 등 지역의 독립 가능성이 높아지게 된다. 즉 과거 소련이 해체되는 상황과 유사하게 공산당 일당독재 붕괴와 여러 지역의 독립이 동시에 발생할 것으로 보인다. 또한 경제 위기로 인해 글로벌 구제금융 및 무역 지원이 필요할 경우 중국의 금융시장 및 산업투자 시장이 개방되어 중국 금융과 산업은 해외 금융 및 산업자본의 영향력 아래로 들어갈 가능성이 있다. 이에 따라 중국은 기존의 저가 공산품 생산이라는 축소된 역할로 글로벌 분업체계에 재편입된다. 그리고 금융시장이 완전 개방된 상황으로 중국이 글로벌 분업체계에 재편입되면 다시 한번 미국과 패권 경쟁에 도전하는 수준까지 성장은 거의 불가능할 것이다. 그래서 종합적으로 보면 시나리오 1은 "거인의 침몰Collapse of Giant"로 부를 수 있다.

'시나리오 2(New Demo)'는 중국이 산업구조 개편에 성공하면서 동시에 정치민주화를 달성하는 상황으로 미국과 패권 경쟁에서 적대적 관계보다는 협력, 보완 및 경쟁적 관계로 대등한 지위를 확보하는 상황이다. 경제적으로 산업구조 개편에 성공하여 고부가가치 산업이 세계의 선두권으로 올라서며 내수시장도 활성화되어 미국과 대등한 경제규모로 발전한다. 그러나 경제 및 국민 수준이 향상되면서 더 이상 공산당 일당독재 형태의 정치체계로는 다양성을 극복할 수 없다. 따라서 정치민주화가 진행되어 신자유민주 국가로 체제 변혁이 일어날 수 있고, 기존의 탄압적 대내외 전략에서 탈피하는, 보다 유연한 전략을 구사하여 일부 지역의 독립가능성이 상존한다. 중국이 정치적으로 민주화되면 그동안 미국의 중국에 대한 주요한 공격 수단 중 하나였던 자유·인권 등 민주주의 가치에 대한 것이 사라지게 되어 미·중 간 글로벌 패권 경쟁이 경제적 측면에 집중될 것이다. 그래서 종합적으로 보면 시나리오 2는 "새로운 민주국가의 탄생New Demo"으로 부를 수 있다.

'시나리오 3(Back to Mao)'은 산업구조 개편에 실패하는 반면 공산당 일당독재 체제가 유지되는 상황이다. 미국과의 패권 경쟁에서 패배하며 '시나리오 1'과 유사하게 경제적으로 기존의 수출주도형 저가 공산품 생산 중심의 경제를 유지하여, 부실기업들의 대규모 도산과 실업률 급증 및 자산버블 붕괴 등으로 경제 위기를 겪을 가능성이 높다. 이러한 경제 위기 발생 및 미국과 패권 경쟁에서 패배 등으로 인한 책임을 둘러싸고 공산당 내 세력 간 권력투쟁이 본격화되는 동시에 도시 농촌 간 격차, 지역 간 발전 격차, 계층 간 격차 및 민주화 요구 등으로 인해 잠재해 있던 내부적 불만이 대규모 시위 등의 형태로 표출되어 극심한 혼란을 겪게 된다. 대규모 시위는 과거와 마찬가지로 무력으로 진압될 가능성이 높으며, 아울러 개혁·개방 정책을 전면 재검토하면서 이전 시대로의 회귀전략을 채택하는, 이른바 '신문화 혁명[11]'이 발생할 수 있다.

다시 말하면, 위기에 빠진 공산당 독재체제를 유지하기 위해 교조주의 회귀를 통해 반자본주의 혁명을 내세워 개혁·개방 세력을 제거하고 과거 폐쇄된 국가로 돌아가는 것이다. 이렇게 되면 중국은 과거 1840년대 아편전쟁 패전 이후 1980년대 개혁 개방까지 지속된 잃어버린 140년을 다시 한번 재현하게 되며, 이는 다시 '잃어버린 수 세기'로 이어질 수도 있다. 종합적으로 보면 시나리오 3은 "마오쩌둥 시대로

---

11   문화대혁명은 1966년 5월부터 1976년 10월까지 마오쩌둥이 주도한 극좌 사회주의 운동으로, 계급 투쟁을 강조하는 대중 운동을 통해 공산당 내부의 반대파들을 제거하고 권력 재탈환을 기도한 일종의 권력투쟁이다.

의 회귀Back to Mao"로 이해할 수 있다.

'**시나리오 4**(Pax-China)'는 산업구조 개편이 성공하여 미국에 버금가는 중국향 글로벌 대진영을 구축하는 상황으로 미국과의 패권 경쟁에서 밀리지 않는다. 고부가가치 산업 및 내수 중심으로 경제가 재편되면서 '세계의 공장'에서 '세계의 시장'으로 위상이 변모하며, 글로벌 패권 확보로 인해 공산당의 정치적 입지는 더욱 강화될 것이다. 또 아시아 및 제3세계에 막대한 정치적, 경제적 영향력을 행사하며 친중 글로벌 대진영을 갖추게 되면서 기존의 미국 중심의 글로벌 분업체계를 중국과 양분한다.

특히 아시아 지역에서 미국은 상당 부분 위축되고, 상황에 따라서는 철수할 수도 있다. 글로벌 차원에서 보면 자유민주 진영은 미국과 유럽연합이 주도하며, 아시아 및 제3세계는 중국이 패권을 차지하는 양극체계로 전환될 것이다. 따라서 필연적으로 기축통화를 둘러싼 달러와 위안화 간 유동성 경쟁이 발생하게 될 수도 있다. 종합적으로 보면 '시나리오 4'는 "중국의 시대Pax-China"로 부를 수 있다. 상기 네 가지 시나리오를 종합적으로 보면 다음 그림과 같다.

미·중 글로벌 패권 경쟁 시나리오

	❷ New Demo	❶ Collapse of Giant
높음 ⇧ 제2 톈안먼 사건 (정치 민주화) ⇩ 낮음	• 신자유민주 국가로 이행 　(기본권 강화) • 공산당 일당 독재 종식 • 미국과 대등한 경쟁 협력 　관계 재편성 • 고부가가치 산업 중심 경제 　성장 지속 • 내수 경제 활성화 • 일부 지역 독립 　(티베트, 신장 등) 가능	• 신자유민주 국가로 이행 　(기본권 강화) • 공산당 일당 독재 종식 • 미국과 패권 경쟁 패배 • 저부가가치 생산 중심 　글로벌 분업체계 재편입 • 실업률 급증, 자산버블 붕괴 　등 경제 위기 지속 • 일부 지역 독립 　(티베트, 신장 등) 가능
	• 미국과 대등한 글로벌 차원 　대립 구도 확립 • 글로벌 분업체계 이원화 　(미국향 vs. 중국향) • 달러와 위안화 간 기축통화 　유동성 경쟁 • 고부가가치 산업 중심 경제 　성장 지속 • 내수 경제 활성화 • 중국의 아시아에서 압도적 　패권 확보	• 미국과 패권 경쟁 패배 • 저부가가치 생산 중심 　글로벌 분업체계 재편입 • 실업률 급증, 자산버블 붕괴 　등 경제 위기 지속 • 개혁/개방 및 일대일로 전략 　관련 공산당내 권력투쟁 • 중앙 정부 통제력 약화 및 　계층/지역간 충돌 가능 • 신문화혁명 발생 가능
	❹ Pax-China	❸ Back to Mao

낮음　⇦　**산업구조 개편 실패**　⇨　높음

제4절 유력 시나리오 및 시사점

앞서 설정한 네 가지 시나리오 중 어떠한 상황으로 미·중 패권 경쟁이 전개될 것인가에 대해 분석해 볼 필요가 있다. 그러기 위해서 패권 경쟁의 주체인 미국 입장에서 어떠한 상황이 가장 바람직한 시나리오인지 알아보자. 미국 입장에서 가장 좋은 시나리오는 '시나리오 1(Collapse of Giant)'이며, 최악은 '시나리오 4(Pax-China)'일 것이다.

트럼프 행정부에서 시작한 미·중 간 무역분쟁, 지속적인 티베트 지원, 중국 인권 문제 제기, 홍콩보안법에 대한 홍콩 특별대우 박탈 등의 조치를 차례로 취하고 있다. 미국이 취하고 있는 전략과 그에 따른 중국의 변화에 대해 분석해 보면 어떤 시나리오가 가장 유력할 것인가 추론할 수 있다.

1. 중국 산업구조 개편 견제

　미·중 간 무역전쟁은 단순히 미국이 중국에 대한 무역수지 적자를 줄여나가는 것을 넘어서 중국의 경제적 아킬레스건을 건드려 궁극적으로 중국의 산업구조 개편을 견제함으로써 중국의 경제 위기를 유발하는 것이다.

　기존의 중국 저가 공산품에 대한 무역을 제한함으로써 기존 주력산업에 대한 견제를 시작으로 중국 산업구조 개편의 핵심인 하이테크 산업으로의 전환을 견제하기 위해 미래 기술에 대한 견제를 강화해 나가고 있다. 중국 산업구조 개편의 핵심은 미래 주도 기술에 대한 패권 경쟁으로 볼 수 있으며, AI, 반도체, 디스플레이, 5G 미래 통신기술, 전기차 관련 소재 등 다양한 영역에서 중국산 기술과 제품에 대한 대외 수출을 견제하고 있다.

　대표적인 사례로 미국은 중국 하이테크의 핵심 기업인 화웨이에 스파이, 보안 등의 이슈를 제기하면서 미국뿐 아니라 미국의 우방국들에 중국 화웨이 제품 및 서비스에 대한 구매 중단을 유도 및 압박하고 있다. 이러한 제재 압력은 IT 제품에만 국한된 것이 아니다. 중국의 핵심적인 대중 IT 서비스인 틱톡과 위챗 등을 미국 내에서 금지한 것도 동일한 전략의 일환이다.

이러한 미국의 대중국 산업구조 개편에 대한 전방위적 견제는 계속 강화될 것으로 보이며, 이는 중국의 산업구조 재편에 상당한 장애가 될 것으로 보인다. 무엇보다 이들 주력 산업에 대한 대규모 자본 투자를 통한 설비 증대가 수출을 통한 매출로 연결이 되지 않아 가동률이 낮아져 점진적으로 부실화될 가능성이 높을 것이다. 예를 들어 중국이 반도체 자립을 위해 국가적 차원에서 2020년 이후 향후 170조 원 규모의 엄청난 자금을 투자하여 반도체 굴기를 꿈꾸고 있으나, 수출이 막혀 과잉 투자가 될 가능성이 높다.

중국은 글로벌 분업체계에서 미국을 중심으로 인도, 일본 및 유럽연합 등이 참여한 세계적인 반중국 견제에 대응하기 위해 대대적으로 자립경제 체제로 전환을 통한 버티기 전략을 선택하였다. 이 전략이 성공하기 위해서는 내수 진작이 핵심인데, 문제는 현재 중국 인구의 40% 이상인 6억 명이 월 평균소득 1,000위안(약 17만 원) 수준의 극빈층으로 내수 진작에 도움이 전혀 되지 않는다. 주 소비층인 상위 20%에 해당하는 3억 명의 연간 가처분소득[12]이 77,000위안(약 1,300

12　개인 소득에서 개인의 세금과 세외 부담, 즉 이자 지급 등 비소비 지출을 공제하고 여기에 이전 소득(사회 보장금·연금 등)을 보탠 것으로서, 소비 여력을 보여주는 대표적 지표

만 원)으로 우리나라 평균 연간 가처분소득의 70% 정도 수준이다. 이 계층은 부동산 가격 증가에 따른 '부의 효과Wealth effect'[13]를 활용하여 이미 소득 대비 더 소비하고 있어 중국 정부가 원하는 수준의 내수 진작을 위한 추가 소비 여력이 별로 없다. 또한 부동산 가격이 하락할 경우 내수는 급락할 수 있는 취약한 구조다.

구소련이 1980년대 저유가에 따른 경제 위기로 해체되는데까지 대략 10여 년이 걸린 것으로 보면 이러한 중국 산업 구조재편에 대한 견제로 중국 경제 위기 발생도 시간이 어느 정도 소요될 것으로 보인다.

2. 중국 정치민주화 유도

미국이 중국의 정치민주화를 유도할 교두보는 크게 세 가지다.

첫 번째 교두보는 민주주의를 경험한 홍콩 주민들의 자

13　자산가격이 상승하면 소비도 증가하는 현상. '자산 효과'라고도 한다. 현재 소비가 미래 소득에 의해서도 영향을 받는다는 점에 근거를 두고 있다.

유·민주에 대한 열망을 지지·지원함으로써 홍콩의 민주화 열풍을 중국 대륙으로 확산시켜 나가는 것이다. 홍콩이 영국으로부터 1997년 중국으로 주권이 이양될 때 핵심적 약속은 '일국양제(一國兩制)'[14]를 향후 50년간 유지하는 것이었다. 최근 홍콩보안법은 일국양제 규정을 위반한 것으로, 1997년 체결한 〈주권이양조약〉을 무효화 할 수 있는 명분을 영국에 제공하고 있다. 미국이 영국과 함께 보조를 맞춰 일국양제 규정 위반을 문제 삼아 〈주권이양조약〉 자체에 대한 문제 제기를 할 경우, 이는 홍콩발 중국 민주화의 시발점이 될 수 있다.

두 번째 교두보는 티베트와 신장의 독립을 지원하여 중국의 분열을 유도하는 것이다. 중국이 티베트와 신장에 대한 대대적인 인권탄압과 강압적인 통치 및 한족의 이들 지역으로의 대이동은 이들 지역 내 원주민과의 심각한 갈등을 유발하여 독립에 대한 욕구를 더욱 부추기게 된다. 지금까지 중국 정부의 강압적 탄압 방식으로 이들 지역에 대한 지배권을

14　하나의 국가 안에 자본주의와 사회주의 두 체제를 받아들인다는 뜻으로 중국이 홍콩과 마카오를 통치하는 원칙이다.

유지하고 있으나, 이러한 탄압적 통제방식은 독립에 대한 시한폭탄을 장착한 것으로 볼 수 있다. 미국은 이러한 시한폭탄이 터지는 것을 자유, 민주, 인권 등 보편적 인류 가치를 동원하여 유발할 수 있으며, 특히 중국 내 정치민주화 운동이 전개되면 이들 지역의 독립운동과 연계되어 그 폭발력은 배가될 것으로 보인다. 미국이 지속적으로 티베트 임시정부를 지원하고 있고, 이들 지역에 대한 인권 문제 조사 등을 발표함으로써 국제사회의 관심을 계속 유도하고 있다.

세 번째 교두보는 중국 내 반체제 민주 인사들에 대한 지속적인 지원으로 중국 내 민주화 운동을 유발하는 것이다. 반체제 민주 인사들은 그 자체로 민주화 운동의 상징이며, 이들에 대한 중국 정부의 탄압이 심화될수록 역설적으로 상징성이 더욱 부각된다.

2010년 노벨평화상을 수상한 류샤오보는 1989년 톈안먼 사건 이후 지속적으로 중국 내 기본권 보장을 주장하며 공산당 일당독재에 맞서 싸워온 상징적 인물로 여러 차례 투옥으로 그 상징성은 더욱 부각되었다. 그에 따라 국제사회는 중국 내 인권 신장을 위해 헌신적으로 노력해 온 류샤오보에게 노벨평화상을 수여하게 된 것이다. 류샤오보 이외에도 수많은 반체제 민주 인사들이 중국 내 투옥되어 있거나 미국, 영국 등에 망명생활을 하고 있으며, 중국 내 정치민주화 운동이 촉발되면 이들이 중국 민주화에 큰 역할을 할 것으로 보인다.

3. 유력 시나리오

투키디데스의 함정Tuchididdes Trap은 고대 그리스 시대 기존의 절대 패권국가인 스파르타가 신흥 강국으로 떠오른 아테네와 패권전쟁을 할 수밖에 없는 상황을 설명하는 것이다. 역사적으로 보면 신흥 강국으로 떠오르면 기존 강국과 전쟁을 치르는 투키디데스의 함정이 종종 발생한 것을 볼 수 있다. 16세기 스페인의 무적함대를 무찌른 영국의 부상, 19세기 독일제국의 부상과 1, 2차 세계대전 등은 신흥 강국과 기존 강국 간의 패권전쟁은 필연이라는 것을 보여준다.

이러한 물리적 전쟁을 넘어서 '비무력적 전략Soft Power'을 통해 기존 강국과 신흥 강국 간에 발생한 투키디데스의 함정은 앞서 살펴본 바와 같이 2차 세계대전 이후 미국이 구축한 글로벌 분업체계에서 구소련의 전략적 아킬레스건을 장기간

공략하여 무너뜨린 구소련 해체, 경제적으로 급부상하는 일본을 환율 조정을 통해 무너뜨려 일본 경제를 1/4 수준으로 급락시킨 플라자 합의 등이 있다. 또 유로의 아킬레스건인 유럽연합 내 국가 간 경제 수준 차이를 활용한 유로의 불안정성 유발 등은 비무력적 전략을 활용한 투키디데스 함정의 대표적 사례라 할 수 있다.

미·중 간 패권 경쟁의 전개 양상은 미국의 비무력적 전략들이 얼마나 효과적이고 지속적으로 실행되며, 그에 대응하여 중국이 얼마나 잘 방어하느냐에 따라 달라진다. 중국은 경제적으로 산업구조 개편에 성공하기 위해 필요한 핵심 시장인 북미 시장을 이미 잃어버렸고, 유럽 시장도 영국을 필두로 점진적으로 잃어버릴 가능성이 높다. 중국 내 내수 시장만으로 하이테크 산업을 육성하기에는 한계가 분명히 존재한다. 과거 1990년대 일본이 IT·통신분야에서 전기·전자업체들이 연합해 개발한 차세대 멀티미디어 기술인 ATM Asynchronous Transfer Mode은 미국이 TCP-IP[15] 기술을 사실상 글로벌 표준으로 사용하는 순간 시장에서 사장되었다.

15　TCP(transmission control protocol)/IP(internet protocol)은 인터넷 표준 프로토콜로 컴퓨터의 데이터 통신을 위해서 만들어진 프로토콜이다.

글로벌 표준을 담보하지 못하는 기술은 기술적으로 아무리 뛰어나도 사장될 수밖에 없는 것이 현실이다. 비디오 기술 표준 경쟁에서도 기술적으로 뛰어난 소니의 베타 방식이 JVC의 VHS에 밀려 사장된 것도 유명한 사례이다. 즉 최고의 기술이 항상 이기는 것은 아니다(Best technology doesn't always win).

중국이 글로벌 핵심 시장인 북미와 유럽을 잃어버리고 내수 시장만으로 하이테크 기술을 개발한다면 고립되어 결국 사장될 가능성이 높을 것이다. 물론 중장기적으로 미국과 유럽이 중국에 대한 시장 견제를 지속하는 것이 비무력적 전략의 성공 여부를 결정하는 핵심 요소가 될 것이다. 마치 1980년대 10여 년간 저유가 유지를 통해 소련 경제 위기를 유발한 것과 같은 중·장기적 호흡이 필요하다.

중국은 앞서 살펴본 대로 세 가지의 정치민주화를 유발할 요소를 안고 있다. 역사에는 '압축은 있으나 생략은 없다'는 말이 있다. 압축적으로 경제성장을 달성할 수는 있으나, 그 과정에는 반드시 정치적 민주화가 수반되어 혁명적 체제 변화가 유발될 수밖에 없다는 것이다. 영국이 전제군주로부터 입헌군주제로 민주주의를 이행한 길은 1215년 대헌장부터 명예혁명 등을 거쳐 수백 년에 걸쳐 입헌민주주의로 체제를 바꾸는 과정을 거쳤고, 우리나라도 4·19 혁명, 5·16 쿠데타, 5·18 민주화 운동, 6·10 민주항쟁 등을 거쳐 경제성장에 걸맞은 민주체제로 변화한 것이다.

지금까지 역사적 변화를 살펴보면 미·중 간 글로벌 패권 경쟁 시나리오는 중국이 경제적으로 산업구조재편에 실패하고 정치적 민주화를 겪게 되는 시나리오 1, 즉 Collapse of Giant 상황으로 전개될 가능성이 가장 높을 것으로 보인다.

앞서 살펴본 미국 주도의 세계적인 반 중국 견제로 인해 산업구조 개편의 핵심인 미래 주도 기술의 하이테크 고부가가치 산업으로의 이행은 상당히 제약을 받을 것이다. 왜냐하면 이러한 산업들은 글로벌을 하나의 시장으로 보고 투자가 이루어져야 하는데 중국 내수 시장만으로는 성장에 한계가 있기 때문이다. 또한 자립 경제를 위한 내수 활성화를 뒷받침할 충분한 소득이 없는 상황이며, 중국의 경제 고립에 따른 불안정성이 커지고, 이는 다시 주식, 부동산 등의 자산 가격 하락으로 역으로 부의 효과가 발생하여 소비가 더욱 위축될 가능성이 크다.

중국이 산업구조 개편에 실패하면 향후 글로벌 분업체계에서 기존 보다 훨씬 위축되어 저가 공산품 생산 역할을 일부 수행하면서 금융이 대외 개방되어 외국 자본이 금융에 주도적 역할을 수행하게 될 것이다. 정치적으로는 경제 실패에 따른 공산당 일당독재의 명분이 사라지고 제2 톈안먼 사건 등과 같은 정치민주화가 진행되어 새로운 민주국가로 체제가 변경되어 보통 국가화되는 것을 의미한다.

두 번째 가능한 시나리오는 시나리오 3(Back-to-Mao) 상황으로 산업구조 재편이 실패하여 경제 위기 상황에 중국 공산당 내 책임소재를 둘러싼 권력투쟁이 발생할 가능성이 높다. 두 가지 핵심 사안에 대한 논쟁이 권력투쟁의 쟁점이 될 것이다.

첫 번째 쟁점은 경제 위기의 원인과 해법을 둘러싼 개혁·개방에 대한 전략적 스탠스다. 두 번째 쟁점은 도광양회[16]를 넘어선 중국몽[17]의 타당성과 실현 가능성에 대한 전략적 스탠스다. 개혁·개방을 가속화하고 중국몽을 계속 추구해야 한다는 진보진영과 개혁·개방을 중단하고 중국몽을 포기하여 이전 순수 사회주의로 회귀해야 한다는 보수진영 간 권력

---

16 도광양회(韜光養晦)는 '빛을 감추고 어둠 속에서 힘을 기른다' 것으로 '자신을 드러내지 않고 때를 기다리며 실력을 기른다'는 의미다. 즉 미국이 중국을 패권 경쟁국으로 인지하지 못하도록 조용히 힘을 기르는 전략이다.
17 중국몽(中國夢)은 '근대 이래 모든 중국인이 꾸는 가장 위대한 꿈'이라는 중국의 주장을 말하며, 시진핑 국가 주석은 이를 구체적으로 '중화민족의 위대한 부흥'이라 정의했다.

투쟁으로 내부 혼란이 극심할 것으로 예상된다.

4. 전략적 시사점

시나리오 1과 3의 상황으로 전개될 경우, 중국의 국력이 매우 강한 현시점에서 보면 중장기적으로 긴 시간이 소요될 가능성이 높다. 그러나 이러한 상황으로 전개된다고 미래를 읽으면 그에 따른 전략적 시사점은 다음과 같이 정리할 수 있다.

먼저 미국과 글로벌 패권 경쟁에서 패배하면서 중국은 그에 따른 대가를 치러야 할 것으로 보인다. 지정학적 대가로는 중국의 영향력 내에 있던 북한, 남사열도 등 인접 국가나 지역에 대한 통제력을 상실할 것이다. 과거 소련이 경제적으로 붕괴되면서 동유럽 위성국가들에 대한 통제력을 상실하고 종국에는 15개 공화국으로 분열된 것을 보면 미국과의 패권 경쟁에서 패배한 대가는 상당할 것으로 보인다. 우리나라 입장에서 보면 북한 핵 문제를 포함한 대북 문제의 복잡성을 가중시켰던 중국의 대북 영향력이 사라지면서 북한 문제를 근본적으로 해결할 수 있는 실마리를 얻을 수 있을 것이다.

정치적 대가로는 중국 공산당 내 권력투쟁이든 국민들의 민주화 투쟁이든 기존 정치체제의 대변혁이 일어나는 것이다. 구소련이 붕괴되면서 러시아가 공산당 일당독재를 종식하고 국민투표에 따른 대통령제로 체제 변혁을 한 것이 좋은 사례가 될 것이다. 특히 시나리오 1처럼 공산당 일당독재가 무너지고 민주공화정으로 정치체제를 변혁할 경우 동일한 자유민주적 기본질서의 가치를 공유하는 우리나라와 보다 큰 협력 관계로 발전할 수 있을 것이며, 한편으로 북한 체제 변화의 좋은 시발점이 될 것이다. 시나리오 3처럼 다시 과거 폐쇄적 사회주의로 회귀할 경우 중국과의 관계는 보다 경색될 것으로 보인다.

경제적 대가로는 금융시장 대외 개방으로 중국은 외국 자본에 종속되며, 글로벌 분업체계에서 저가 공산품 생산 역할을 축소 수행하면서 경제발전을 기대하기 어려워진다. 그에 따라 국민들은 보다 가난해지고, 정부에 대한 불만은 더욱 가중될 것이다. 이는 곧 정치민주화를 포함한 대변혁 운동을 촉발할 수 있다.

우리나라 입장에서는 긍정적·부정적 효과가 혼재할 것으로 보인다. 먼저 긍정적 효과는 하이테크 주력산업의 강력한 경쟁국이 사라지고, 중국 자본 및 금융시장에 진출할 기회를 얻게 될 것이다. 부정적 효과는 중국 경제규모 축소에 따라 대중국 수출이 상당 부분 축소될 것이다.

종합적으로 보면 미·중 글로벌 패권 경쟁에서 중국이 패배할 경우 중국의 약화된 입지를 활용해 대북 문제 해결의 실마리 확보, 중국 시장 진출 기회 확보, 대중국 무역의존도 완화, 중국과의 무역경쟁 완화 등 긍정적인 시사점이 많다고 볼 수 있다.

그러면 미·중 간 글로벌 패권 경쟁에 따라 현재 및 미래에 제기되는 중대한 이슈들에 대해 우리나라가 향후 취해야 할 전략적 스탠스가 나올 것이다.

- 대외전략으로 친미냐 친중이냐?
- 북한을 둘러싼 대북전략으로 지속적인 개방 유도냐, 폐쇄 인정이냐?
- 중국이 붕괴하여 북한 지원국가가 없는 상황에 북한은 어떻게 될 것인가?
- 북한이 붕괴한다면 우리나라가 흡수 통일할 수 있을 것인가?
- 가장 강력한 우리나라 산업의 대체 국가인 중국의 몰락으로 미래 주력산업들에 대한 성장잠재력을 어떻게 보

고 투자해 나갈 것인가?

이러한 핵심적인 이슈들을 포함한 우리나라 전략에 대해
다음 장에서 살펴본다.

Second Miracle

제3장

우리나라의 전략

　앞서 미·중 간 글로벌 패권 경쟁에서 살펴보았듯이 향후 우리나라에 보다 좋은 대외환경이 조성될 가능성이 높다. 이렇게 좋은 환경이 전개된다 하더라도 선제적으로 준비하고 노력하지 않으면 중요한 성과를 달성하기 어렵다. 2차 세계대전 직후 일본의 패망이 우리나라에 해방을 가져다준 것은 사실이지만, 일제로부터의 해방이 당면한 전략목표였기 때문에 해방 이후 어떻게 국가 체계를 세우고 국정을 운영할 것인가에 대한 선제적 합의가 없어 매우 큰 혼란이 일어났다. 좌·우 갈등으로 극심한 분열을 겪었고, 외세와 내부의 분단 세력에 의해 남과 북으로 분단되는 비극을 맞았다.

　마찬가지로 우리나라가 지금과 같은 보수와 진보 간 진영 대결 구도로 극심한 분열을 지속할 경우 중장기적 국가목표 설정과 그에 타당한 전략실행이 어려워 우리나라에 좋은 대외환경이 만들어진다고 하더라도 그에 합당한 결과를 달성하기 힘들 수 있을 것이다.

　진영논리에 빠져 국난에 선제적으로 대처하지 못하고 나라가 거의 망할 뻔한 대표적 사례가 바로 1592년에 발생한 임진왜란이다. 그 당시 일본은 이전투구하는 전국시대를 도요토미 히데요시가 1590년 통일한 이후 남아도는 다이묘들의 힘을 한곳으로 모으기 위해 조선 침략을 준비하고 있었다. 조선은 일본의 침략 낌새를 눈치채고 일본의 조선 침략 여부를 파악하기 위해 1590년 통신사를 파견한다. 정사 황윤길과 부사 김성일이 일본에 통신사로 다녀와서 선조의 핵심 질문에 상반된 답을 하게 된다. 선조가 과연 일본이 조선을 침략할 것 같으냐는 질문에 정사인 황윤길은 일본이 침략할 것으로 본다는 답변을 내놓았지만, 부사인 김성일은 일본이 침략하지 않을 것 같다는 답을 하였다. 당시 조선은 서인과 동인이라는 진영으로 나눠 사실보다는 정치적 진영논리에 따른 통치를 하고 있었다. 당시 서인을 대표하는 정철과 윤두수는 세자책봉 문제로 파직되면서 동인이 집권하고 있었다. 따라서, 동인이 보다 힘이 있는 상황으로 동인을 대표하는 김성일의 말에 따라 일본이 조선을 침략하지 않는 것으로 결정짓고, 더 나아가 일본의 침략 우려 제기는 근거 없는 불안감 조성이라고 하여 금기시하게 하였다. 그러나, 불과

이년 후 일본이 조선을 침략하면서 선조는 의주까지 피난 가는 수모를 겪었으며, 수많은 백성이 목숨을 잃고 삶의 터전이 송두리째 무너지는 국난을 당했다.

임진왜란을 겪고 불과 수십 년 후인 1636년 조선은 병자호란을 당하게 된다. 임진왜란과는 달리 조선은 청나라가 침략할 것을 알고 있었다. 1627년 조선을 침략한 후금은 정묘호란으로 맺은 '형제지국(兄弟之國)'을 1636년 국호를 청으로 바꾸고 '군신지의(君臣之義)'로 변경할 것을 요구했다. 이에 청의 요청을 들어주지 않으면 조선을 침략하겠다는 뜻을 분명히 했다. 당시 척화론자와 주화론자 간 논쟁에서 척화론자가 승리하여 청과의 전쟁은 불가피하게 되었다. 문제는 명나라에서 청나라로 중국이 변화되는 것을 알았고, 또한 청이 조선을 침략할 것을 알았음에도 불구하고 청나라의 침략에 대비한 충분한 대응 전략을 세우지 못했다는 것이다. 조선을 침략한 청은 매우 빠른 속도로 남하했고, 이를 피하기 위해 인조는 강화도로 피신해야 했다. 그러나 피난길마저 차단되자 남한산성에 갇힌 인조는 항복을 선언하고 삼전도에서 청 태종에게 세 번 절하고 아홉 번 머리를 조아리는 "삼배구고두례(三拜九叩頭禮)"라는 가장 치욕적인 항복 의식을 치렀다. 환경 변화를 아무리 잘 읽어낸다 하더라도 합리성이 결여된

비현실적인 전략은 바로 곧 망하는 지름길임을 여실히 보여주는 아픈 역사라 할 수 있다.

임진왜란과 병자호란은 우리에게 두 가지 시사점을 준다. 첫째는 대외환경 변화를 제대로 읽어내어 전략을 구사하는 것과 둘째는 진영논리를 넘어선 합리성이 지배하는 구조를 만들어 내는 것이 중요하다는 것이다. 가장 나쁜 전략은 대외환경을 정반대로 읽어 그에 따른 전략을 구사하는 것이다. 이는 즉각적으로 망하는 지름길이다. 임진왜란이 대표적인 사례다.

특히 우리나라를 둘러싼 지정학적 구조와 틀이 크게 변화하는 시기에는 대외환경 변화에 대해 끊임없이 발생 가능한 시나리오에 기반하여 미래 환경 변화 방향을 제대로 읽어내야 할 것이다. 지금이 바로 미·중 간 글로벌 패권 경쟁으로 우리나라를 둘러싼 지정학적 구조와 틀이 크게 변화할 시기다. 대외 변화를 제대로 읽어 낸다 하더라도 진영논리에 빠져 합리적인 전략을 수립하지 못한다면 이 또한 국난으로 이끄는 길임을 병자호란이 대표적 사례로 보여주고 있다.

앞서 미·중 글로벌 패권 경쟁이라는 글로벌 차원의 대외환경 변화를 시나리오 기반으로 분석했다. 다가올 미래에 우리나라가 대외환경을 잘 활용하여 보다 큰 성장을 하기 위해

서는 합리성에 기반한 제대로 된 국가 차원의 전략목표 설정
과 이를 달성하기 위한 전략 수립이 필수적이다.

제1절 전략목표

　개인, 조직, 더 나아가 국가도 뚜렷한 목표가 없으면 방향을 잃어 갈팡질팡할 수 있고 종국에는 발전할 수 없다. 제대로 된 전략목표 설정은 개인, 조직, 국가가 방향성을 가지고 미래로 나아가는 데 매우 중요한 역할을 한다.

1. 주요 국가별 목표

　미국은 글로벌 패권 유지 및 강화라는 국가목표로 국가 전략을 운영하고 있다. 공화당이 집권하든 민주당이 집권하든 이러한 국가목표에는 변함이 없다. 다만 이러한 국가목표를 달성하기 위한 전략 수단이 공화당이 좀 더 실세주의적

realistic power으로 접근하여 무력을 동원하기도 하는 반면, 민주당은 좀 더 이상주의적idealistic power으로 접근하여 자유, 민주, 인권 등 보편적 가치를 중심으로 국가목표를 달성하는 수단으로 삼고 있다.

중국은 2012년 시진핑 주석이 집권한 이래 과거 1989년 덩샤오핑이 설정한 도광양회를 뛰어넘어 새로운 비전인 중국몽으로 미국을 넘어선 세계 초일류 패권을 지향하는 국가목표를 설정했고 그에 따른 일대일로 등의 전략을 구사하고 있다. 중국이 설정한 국가목표의 타당성과 실현가능성을 떠나서 그들의 국가목표는 내부 단결과 통합을 이끌고 있는 것이 사실이다.

일본은 2차 세계대전에서 패망한 이후 다시 경제적으로 일등을 추구하다 1990년대 이후 잃어버린 수십 년이 된 이후 2등의 지위에 만족하면서 지속적으로 글로벌 입지가 약화 축소되어왔다. 그러나 중국이 2010년 GDP 측면에서 2위로 부상하면서 일본은 글로벌 2등 지위마저 빼앗겼다. 수십 년간 2위에 만족한 일본은 중국이 추월하자 다시 국가목표를 설정하고 있다. 그것은 다시 한번 2등 지위를 확보하는 것으로 미국과 긴밀한 전략적 공조로 중국에 대항하는 것이다. 이러한 위기의식과 그에 따른 목표 의식은 바로 일본의 보수우익 세력의 입지 강화로 연결되었고, 그 대표자로서 아베 총리가 10년 이상 장기집권을 하는 배경이 되었다. 그에 따라 일본은 경제부흥과 동시에 보통국가화를 통한 군사대국화를 중·장기적으로 추진하고 있다.

러시아는 과거 구소련의 글로벌 파워 및 입지 재확보를 국가목표로 하여 움직이고 있다. 과거 소련과 마찬가지로 대서방 강경책을 구사하며 잃어버린 나머지 14개 공화국에 대한 영향력을 강화하고 있으며, 우크라이나 침공 등에서 보듯이 필요하다면 무력도 행사해 일부 영토를 회복하고 있다. 또한 시리아 내전 사태에서도 볼 수 있듯이 중동 등 주요 분쟁 지역에 자국의 이익을 대변하는 정치 세력을 지원하는 등 과거 구소련의 글로벌 전략을 일부 수행하고 있다.

독일과 프랑스는 강대국 지위 유지 및 강화라는 전략목표 달성을 위해 자체로 미국, 러시아, 중국, 일본과 경쟁이 되지 않기 때문에 유럽연합을 활용하고 있다. 이러한 유럽연합 활용은 독일과 프랑스에 정치적, 경제적 측면에서 막대한 레버리지 효과를 주고 있다. 정치적으로 미국과 러시아 혹은 중국 간 갈등에 대한 캐스팅보트 역할과 미국, 러시아 혹은 중국의 독단적 행동에 대한 견제 역할 수행을 통해 실리를 확보할 수 있다. 대표적으로 미국의 2003년 이라크 전쟁에 독일과 프랑스가 반대함으로써 미국 독주를 견제하였다. 그리고 최근 미·중 글로벌 패권 경쟁의 주요 이슈 중 하나인 미국의 화웨이 통신장비 배제 요청에 대해 독일과 프랑스는 미국과 중국 간 줄타기를 하면서 실리를 챙기고 있다.

영국은 과거 대영제국의 영예를 미국과 동맹을 통해 재현하려는 국가목표를 설정한 것으로 보인다. 브렉시트BREXIT로 유럽연합을 탈퇴함으로써 유럽연합 내 하나의 참여국이라는 입지보다는 미국과 협동하여 보다 글로벌 차원으로 접근해 나가는 것이다. 따라서 미·중 글로벌 패권 경쟁에서 확실하게 미국 편에 서서 중국의 산업 재편 전략의 핵심인 화웨이에 대한 압박에 동조하면서 자국 내 통신 사업자들에게 화웨이 사용을 배제하는 권고를 하고 있으며, 최근 홍콩 보안법 이슈에서 미국과 공조하여 중국에 대한 압박을 진행하고 있다.

이렇게 주요 국가들은 각기 명확하고 뚜렷한 국가목표를 설정하고, 이렇게 설정된 국가목표는 정권의 변화와 상관 없이 일관되게 체계적으로 꾸준히 실행되고 있다.

그러면 현재 대한민국의 국가목표는 무엇인가? 아마 이 질문에 선뜻 답할 수 있는 사람이 많지 않을 것이며, 그 답도 천차만별일 것이다. 어떤 이는 통일이라고 말할 것이고, 어떤 이는 복지국가, 세계 선도 국가, 민주화, 문화 강국, 공정 국가 등 매우 다양한 대답이 나올 것이다. 이는 현재 우리나라가 국가목표 없이 방향성을 잃고 운영되고 있다고 볼 수 있고, 정권의 정책에 따라 그때그때 다른 완전히 상반된 전략을 실행하여 국력이 낭비되고 발전해 나가지 못하는 상황이다.

우리나라의 현재와 미래의 가장 큰 문제는 바로 제대로 된 "국가목표"가 없다는 것이다. 국가목표가 없으니 국가가 나아갈 길이 명확하지 않아, 정권에 따라 너무나 상반된 정책이 나오고, 국가적 과제에 대한 우선순위가 혼재하며 초단기적 현상 중심으로 국정을 운영하는 등 국가 운영의 체계성, 일관성, 지속성 등이 현저히 떨어지고 있다.

2. 우리나라 국가목표

역사적으로 볼 때 우리나라가 뚜렷한 국가목표 아래 통합적으로 일관되게 발전한 시기는 박정희 대통령의 산업화 때이다. 4·19 혁명은 자유당 독재를 종식시키고 새로운 민주 정부를 세우는 주체적인 민주혁명이었으나, 이것이 곧바로 산업화로 이어지지는 못하고 새로운 혼란이 나타나게 되었다. 제대로 된 민주화는 물적·경제적 토대 위에 근본적인 국민의식 수준이 혁명적으로 변화하지 않으면 작동되기 어려운 것임은 민주화된 국가들의 역사를 보면 알 수 있다.

박정희 대통령은 우선 물적·경제적 토대를 만드는 것을 목표로 하여 차별적인 경제개발 계획을 수립하여 하나씩 실행해 나갔다. "우리도 한번 잘살아 보세"라는 국가목표를 기반으로 1950년대 R. 넉시Richard Nurkse가 한국을 대표적 사례로 들면서 주창한 "빈곤의 악순환Vicious Circle of Poverty"을 끊어 내는 구조적 선순환을 만들어 낸 것이다. 빈곤의 악순환은 자본이 없어 투자가 되지 않고, 투자가 없어 기업이 없고, 기업이 없어 일자리가 없고, 일자리가 없어 소득이 없고, 소득이 없어 저축이 없고, 저축이 없어 다시 자본이 없는 악순환 구조를 말하는 것이다.

당시 정부는 빈곤의 악순환의 근원Root Cause에 해당하는 무자본을 끊어 내기 위해 일본으로부터 돈을 받고 해외 원조와 차관을 적극적으로 활용하여 산업화의 성공 공식인 경공업부터 하나씩 중화학공업, IT까지 과감한 투자를 했고, 도로와 항만 등 경제 인프라 구축도 과감히 실행했다. 이렇게 하여 많은 기업들이 만들어졌고, 일자리도 늘어나면서 가계

소득이 증대되고 저축이 급증하여 다시 기업 및 인프라에 대한 투자 재원이 확보되었다. 가난을 끊어내어 산업화를 이루는 선순환 구조를 만들어 낸 것이다.

반면 남미는 빈곤의 악순환의 근원이 아니라 근원에서 파생되어 나온 저소득Low Income을 끊어 내기 위해 생산성 증대 없는 급격한 임금인상으로 재정 파탄, 초인플레이션Hyper-Inflation, 과도한 해외 차입에 따른 국가부도 사태 등을 주기적으로 겪어 왔다. 그에 따라 지난 수십 년간 경제와 사회가 후퇴하는 퇴화 현상이 나타나게 되었다. 소위 포퓰리즘Populism 정책에 따른 대가는 심대했고, 지금도 현재진행형이다.

다시 한번 박정희 대통령의 전략을 살펴보자. 먼저, "잘살아 보세"라는 국가목표를 아주 뚜렷하게 설정했고 누구나 알기 쉽게 구호화하여 널리 잘 퍼지게 했다. 또한 발전을 단계화하여 단계별 하위 목표를 설정하고, 과제를 구체화한 로드맵을 활용해 국정을 이끌었다. 그리고 목표와 전략의 실행력 담보를 위해 한국 만의 차별적 모델, 즉 국가-기업 합작 모델을 중심으로 핵심 산업별 소수의 기업들에 집중 투자가 가능하도록 부족한 자본을 전략적으로 활용했다. 이렇게 하여 산업화를 이루어 냄으로써 우리나라는 압축적 경제성장을 하게 된 것이다.

2차 세계대전 이후 독립한 많은 신생국 중에서 일 인당 국민소득이 3만 달러 수준에 오른 국가는 딱 두 나라인데, 바로 한국과 이스라엘이다. 이스라엘은 미국·유럽의 자본과 기술력 있는 유대인들이 이주해서 새로 건립한 국가이기 때문에 진정한 의미의 신생국 중에 이 정도로 올라간 국가는 우리나라가 유일하다. 그만큼 박정희 대통령의 압축적 경제성장 방식은 우리나라를 구조적으로 발전시켜 오늘날 그나마 우리가 누리는 물적·경제적 토대를 만들어 내게 된 것이다.

우리나라는 '잘살아 보세' 하나로 제대로 된 목표 설정과 국민적 공감 형성으로 지난 60년간 달려와서 현재 세계 10위권 정도의 선진국으로 도약하는 "제1의 기적"을 만들어 내었다. 문화적으로 K-Culture로 대변되는 범 한류로 음악, 영화 등 미디어, 화장품과 패션 등 뷰티, 음식, 의료 등 생활 영역 등에서 선진적인 수준에 이르렀다. 즉 산업화라는 국가목표를 달성하는 동시에 1987년 6·10 항쟁을 거치면서 민주화마저 달성하는 쾌거를 이룬 것이다.

그러면 지금부터 중장기적인 우리나라의 국가목표는 무엇이 되어야 하는가? 크게 보면 두 가지 옵션이 존재한다. 먼저, 국력적인 측면에서 현재 10위권을 넘어선 Top 3 혹은

Top 4 수준의 경제 대국이 됨과 동시에 글로벌 차원에서 영향력을 보유한 강대국이 되는 것을 국가목표로 설정할 수 있다. 즉, 경제력, 군사력, 정치력 등 주요 영역에서 힘을 길러 "세계적인 강대국"이 되는 것이 목표인 것이다. 두 번째는 국가 수준적인 측면에서 "초일류국가"를 지향할 수 있다. 규모나 양적으로는 작지만, 주요 분야에서 질적으로 세계 일류인 국가목표를 설정하는 것이다. 정치, 경제, 사회, 문화 등 주요 영역에서 세계 초일류가 되는 것이다. 선진화된 정치, 성장과 분배가 고른 경제, 구조적 갈등이 평화적으로 조화롭게 해결되는 사회, 세계를 선도하는 문화 등 글로벌 차원에서 벤치마킹 대상이 되는 국가가 되는 것이다.

그러면 두 가지 국가목표 중 어떤 것이 보다 나은 것인가를 살펴보자. 국가목표는 크게 세 가지의 핵심 기준을 기반으로 한 설정이 필요하다.

첫째는 기간적인 측면에서 중장기적인 국가 발전의 명확한 방향을 설정해야 한다. 즉 중·장기적으로, 최소 10~20년 이상 나아갈 방향을 제시하는 것이다.

둘째, 내용적인 측면에서 현재 달성하지 못한 야망Big Ambition이 큰 것이어야 한다. 우리가 이미 민주화 되었는데 더욱 민주화를 진행하자는 것은 꿈이 작은 것이다.

마지막으로 메시지 측면에서 단순하며 보다 구체적이어
야 한다. 국가목표가 복잡하거나 모호하면 이해하기 어렵고,
불확정성에 따라 상호 다르게 해석되고 달성 여부를 측정하
기도 어렵다. 예를 들어 '세계 일등 문화국가 되자' 등의 국가
목표는 '문화 국가'라는 정의부터 모호하다. 또 문화 국가가
되는 방법, 그리고 되고 나서의 효과와 결과의 측정 등이 모
두 어려울 것이다.

이 세 가지 기준에 따라 국가목표를 살펴보면 기간적인
측면에서는 둘 다 중·장기적인 발전 방향성을 담고 있다. 내
용적 측면에서 야망은 '강대국이 되자'가 보다 더 클 것으로
보인다. 그리고 메시지 단순성 및 구체성에서는 '세계 초일류
국가'는 구체성이 낮다고 볼 수 있다. 따라서 향후 우리나라
국가목표로는 "세계적인 강대국이 되자"가 타당할 것으로 보
인다.

우리나라는 약소국의 설움을 톡톡히 경험하면서 굴곡진
역사를 견뎌왔다. 약소국은 자국의 운명을 순전히 외세에 맡
겨야 하고, 강대국들의 이해관계에 따라 그 국가의 운명이
결정되는 불안정한 위치에 놓인다. 구한말 세계열강의 각축
장이 된 한반도는 열강의 이해관계에 따라 당시 최강국인 영

국과 미국 등이 일본의 조선 합병을 인정한 이후 나라를 빼앗기는 일제강점기를 거쳤다. 1945년 해방된 이후에는 전승국인 미국과 소련의 합의로 나라가 남북으로 두 동강 났고, 급기야 소련의 지원을 받은 북한이 한국전쟁을 일으켜 동족상잔의 비극을 겪게 되었다. 유엔군의 도움으로 압록강까지 북진하여 통일을 눈앞에 뒀으나 중국의 참전으로 다시 한번 남북 분단이 고착되었다. 이후 세계에서 가장 가난한 분단된 최빈국 지위에서 1960년대 산업화를 통해 지금까지 먹고 사는 문제를 해결했다. 소위 '한강의 기적'을 이루어 강소국의 지위로 상승한 것이다.

현재 우리나라의 경제규모는 세계 10위권이지만, 주요 강대국들과는 현격한 경제력 차이가 있다. 더구나 아직도 분단을 극복하지 못하고 북한의 위협으로부터 자유로울 수 없는 상황이며, 주변 강대국인 미국, 중국, 러시아, 일본 등의 눈치를 계속 살펴야 하는 처지에 있다. 특히 미·중 간 글로벌 패권 경쟁의 전개에 따라 우리나라의 국가 운명이 결정될 수도 있는 아직까지는 상대적으로 약소국인 것이다.

이러한 불안정한 상대적 약소국 지위를 극복하기 위해서는 다시 한번 큰 도약을 통해 '**제2의 기적**(Second Miracle)'을 만들어 다시는 우리나라가 주변 강대국들의 이해관계에 따라 나라의 운명이 결정되지 않고 역으로 우리가 다른 국가에게 영향을 줄 수 있는 강대국이 되어야 한다. 강대국을 만들어 후세에 자랑스러운 국가를 물려주는 것이 우리가 해야 할 가장 큰 국가적 차원의 숙제인 것이다.

강대국이란 지역 패권을 넘어서 글로벌 차원에서 다른 주요 강대국들과 어깨를 견주며 주요 현안 이슈들에 대해 상호 협의를 할 수 있는 위치에 있는 국가를 의미한다. 강대국은 크게 네 가지의 속성이 있다. 첫째, 국력의 핵심 지표인 경제력, 군사력, 정치력 등이 고루 세계 Top Class 수준이다. 둘째, 국가 차원의 중대한 의사결정을 할 때 다른 국가의 눈치를 보지 않고 자국 이익 극대화를 추구하며, 미국 등 초강대국의 견제나 간섭에 맞대응해도 불이익을 받지 않거나 불이익을 받더라도 견뎌낸다. 셋째, 영향력의 범위를 보면 자국의 당면 사안을 넘어선 지역 및 글로벌 차원에서의 어젠다에 대한 영향력을 행사한다. 마지막으로 글로벌 리더십 측면에서 다른 국가들을 영향권에 두면서 자국만의 진영을 확보하고 있다.

상기 네 가지 기준을 충족하는 강대국은 초강대국인 미국과 중국, 강대국은 러시아, 영국, 프랑스, 독일, 일본 정도이다. 이외 인도와 브라질 등은 강대국이 되는 과정에 있는 국가들이며, G7 회원국인 이탈리아와 캐나다는 우리나라와 마찬가지로 강대국이 아닌 선진 경제국이라 볼 수 있다.

먼저 초강대국인 미국과 중국은 앞서 살펴본 대로 글로벌 패권 경쟁을 하고 있기 때문에 일반적인 강대국을 넘어선 국가들이다. 미국은 크게 자유민주적 기본질서를 기반으로 하는 여러 국가들을 대변하는 초강대국이며, 동시에 글로벌 분업체계를 관리·감독하는 명실상부한 일극체계를 완성한 국가이다. 경제력은 전 세계 GDP의 1/4을 차지하는 경제 대국이면서 동시에 세계 최강의 군사력을 보유하고 있다. 이러한 막대한 힘을 바탕으로 글로벌 분업체계를 관리·감독하면서 세계를 이끌어 가고 있는 것이다.

중국은 최근 급성장한 경제를 바탕으로 중국몽을 기반으로 일대일로 전략을 전개하면서 미국과 글로벌 패권 경쟁을 벌이고 있다. 경제규모는 미국에 이어 세계 2위로 전 세계 비중은 대략 1/6 수준이다. 이렇게 거대해진 경제력을 기반으로 미국과 패권 경쟁을 시작한 것이다.

러시아는 구소련 해체 이후 경제규모가 급격하게 축소되어 왔으나, 막대한 영토 및 자원을 기반으로 서서히 부상하고 있으며, 특히 구소련의 유산인 막강한 군사력과 글로벌 정치지도력을 기반으로 미국과 중동 및 동유럽에서 대립하는 강대국이다.

영국은 과거 영국식민지인 호주, 남아공 등 영연방을 대표하는 수장국인 동시에 미국과의 동맹에 기반하여 강대국의 지위를 유지하고 있다. 경제규모는 GDP가 2.7조 달러로 세계 5위 수준이지만, 3위 일본과 4위 독일과는 현격한 차이를 보이고 있는 상황으로 경제력만 놓고 보면 강대국의 마지노선에 놓여 있다고 볼 수 있다. 그러나, 미국과의 끈끈한 동맹관계 및 국제연합 상임이사국의 지위에 따른 글로벌 정치지도력 등이 높아 강대국의 지위를 유지하고 있다.

프랑스는 유럽연합 내 유일 핵무장 국가로 유럽연합에 핵우산을 제공하는 군사력과 국제연합 상임이사국 지위에 따른 글로벌 정치지도력, 아프리카, 아메리카 및 아시아 등지의 과거 프랑스 식민지 국가를 대표하는 상징성 등으로 인해 강대국 지위를 유지하고 있다. 특히 프랑스는 독일과 협력하여 유럽 27개국이 참여하고 있는 유럽연합을 만들어 주도하면서 미국과 중국의 패권 경쟁에서 캐스팅 보트 역할을 할수 있어 글로벌 차원에서 영향력을 행사하고 있다.

독일은 유럽연합 내 최대 경제력을 바탕으로 사실상 유럽연합을 이끌면서 파생되는 유럽의 대표성으로 인해 강대국 지위에 올라와 있는 국가다. 독일은 자국의 높은 산업 생산성과 고도의 기술을 활용하여 세계 3위 무역대국이며 중국과 비슷한 수준의 막대한 무역수지 흑자를 기록하고 있다. 유럽연합 내 주요 의제를 설정하고 이러한 의제에 대한 의사결정을 자국이 원하는 방향으로 유도하고 있는 것이다. 2015년 그리스 경제 위기 상황에 당시 치프라스 총리가 부채 문제 해결을 위한 채무만기 연장과 추가 구제금융 등에 대해 독일 메르켈 총리와 주로 만나서 논의했던 것은 독일이 사실상 유럽연합 및 유로라는 통합 화폐를 만들고 지탱하는 대표국가라는 것을 보여준다. 따라서 독일은 제3제국[18] 당시 히틀러가 무력으로 이루지 못한 유럽 지배를 경제력과 정치력 기반으로 유럽연합 및 유로를 만들어 냄으로써 달성하여 이른바 사실상 제4제국이 된 것이다. 독일은 과거 제3제국 나치 세력을 완전히 척결하고 과거를 철저히 반성하고 청산함으로써 새롭게 탄생하여 유럽연합이라는 막대한 세력을 대표하는 강대국이 되었다.

---

18 1933년 1월부터 1945년 5월까지 독일 나치 정권의 공식 명칭으로 800~1806년 중세와 근대 초기의 신성 로마 제국(제1제국)과 1871~1918년의 독일 제국(제2제국)을 계승했다고 하여 붙인 이름이다.

일본은 세계 3위 규모의 막강한 경제력을 보유하고 있으나, 과거 2차 세계 대전 패전국이라는 지위로 인해 경제에 걸맞은 정치력과 글로벌 리더십을 발휘하지 못하고 있다. 특히 독일과는 반대로 전범 세력을 완전히 척결하지 못했다. 잔존한 전범 세력이 오히려 권력을 잡고 장기 집권하면서 과거에 대한 진실한 반성이 없어 인근 피해국들과 갈등을 일으키고 있고, 일본에 동조하는 나라도 별로 없는 상황이다. 따라서 막강한 경제력 대비 정치력이 낮은 단순한 경제 강대국이다.

이들 강대국은 상호 폐쇄적인 클럽을 운용하고 있다. 대표적인 강대국 클럽은 UN의 상임이사 5개국, 즉 미국, 러시아, 중국, 영국, 프랑스로 2차 세계대전 전후 세계 운용 체계 및 질서를 만들고 실행하고 있다. 두 번째 강대국 클럽은 자유민주 선진세력을 대표하는 G7, 즉 미국, 일본, 독일, 영국, 프랑스, 캐나다, 이탈리아로 상기 UN 상임이사국 중 러시아와 중국을 제외하고 경제 강국인 일본과 독일이 포함된 클럽이다. 물론 이탈리아와 캐나다도 G7 회원국이긴 하지만 사실상 들러리 역할에 불과하다고 볼 수 있다.

우리나라가 강대국이 된다는 것은 경제적으로 독일, 영국, 프랑스 등 유럽 주요국 수준을 넘어서는 것을 의미한다. 즉 GDP 규모가 일본 수준에 이르거나 혹은 일본을 능가하는 것으로 세계 3-4위 규모가 되는 것을 목표로 하는 것을 말한다. 또한 국제 정치적 위상은 아시아 지역 이슈만이 아니라 글로벌 이슈에 대한 협의 대상국이 되는 수준으로 UN 상임이사국 진입과 더불어 G7에 진입하는 것이다. 또 우리나라를 따르는 동맹국을 만들고 이들을 대변하는 것이다. 이렇게 웅대한 목표의 타당성과 실현가능성 등에 대해 살펴보자.

세계 3위 경제규모인 일본은 2019년 말 기준으로 인구 1억 2,700만 명에 총 GDP는 5.1조 달러로 우리나라보다 인구는 2.44배, GDP는 3.16배 수준이며, 세계 4위 경제규모인 독일은 인구 8,300만 명에 총 GDP 3.9조 달러로 우리나라보다 인구는 1.59배, GDP는 2.37배 수준이다. 일본과 독일 수준의 경제규모를 달성하는 것이 어떤 것인가를 알아보자.

현재 우리나라의 1인당 GDP는 3만1,000달러 수준으로 일본과 독일보다 대략 1만 달러 정도 낮은 수준이다. 따라서 현재 우리나라의 인구로 일본과 독일 수준의 경제규모를 달성하려면 1인당 GDP가 2.5배 수준 이상으로 올라간 8만 달러 수준이 되어야 한다. 이는 세계 2위 수준의 1인당 GDP를 기록한 스위스 수준으로 올라야 한다는 것을 의미한다. 즉 지금보다 2.5배 수준의 경제적 부가가치를 증진시켜야 한다는 의미이다.

다른 한편, 현재 우리나라와 북한 인구를 합치면 대략 8,000만 명 수준으로 독일과 비슷해진다. 남북통일로 인구가 8000만 명 규모가 될 경우 1인당 GDP 약 5~6만 달러 정도 달성하면 GDP가 약 4~5조 달러 수준으로 일본 및 독일과 비슷한 경제규모가 된다.

현실적으로 강대국이 되기 위해서는 우리나라의 규모, 즉 인구, 영토를 넓히고 동시에 1인당 GDP 수준, 즉 경제 수준도 현재보다 최소 2배 증가시켜야 함을 알 수 있다. 우리나라의 규모(인구 및 영토)를 배가시키는 방법은 외적으로는 통일이며, 우리나라의 수준을 증대시키는 방법은 내적 혁신이다.

우리나라가 강대국이 되기 위한 전략은 크게 대외전략의 핵심인 통일 전략과 대내전략의 핵심인 산업전략으로 나눠볼 수 있다. 산업전략을 달성하기 위한 토대가 되는 경제, 교육, 정치, 사회 등 혁신 방안에 대해 살펴보자.

제2절 대외전략:
결미結美/붕중崩中/통북通北/친러親露/극일克日

이러한 원대한 국가목표를 달성하기 위한 대외전략으로 인구 1억 명 이상을 달성하고 분단에 따른 비용을 제거하며 시너지를 극대화하기 위해서 통일은 반드시 달성해야 한다.

통일의 근본적인 전제 조건은 북한의 내부 붕괴이며, 이렇게 붕괴된 북한을 한국이 떠맡으려면 주요 강대국들의 양해가 필요하다. 북한을 떠받치는 힘의 원천은 내부 핵심 권력 세력과 철저한 내부 감시체계 및 중국의 정치적, 경제적 지원이다. 따라서 우리나라가 북한을 흡수 통일하기 위해서는 세 가지 전제 조건이 필요하다.

첫째, 중국의 북한에 대한 정치적, 경제적 지원을 끊는 것이다. 중국에 북한은 순망치한(脣亡齒寒)[19]과 같은 존재로 1950년 한국전쟁에 참전하여 북한을 살려낸 것과 마찬가지로 중국은 북한을 절대적으로 자국의 영향력 아래에 두고자 하는 전략을 펼치고 있다. 따라서 통상적인 상황에서 중국은 절대 대북지원을 끊지 않을 것이다. 합리적으로 예상해 보면 과거 구소련이 해체되는 정도의 위기가 중국에 발생하여 북한에 대한지원 여력이 없어지거나, 중국이 정치민주화되어 북한의 공산 독재체제 변화를 유도하기 위해 지원을 끊을 수 있을 것이다.

둘째, 북한 체제 붕괴 시 주변 강대국은 우리가 북한을 흡수 통일하는 것을 용인해야 할 것이다. 과거 1989년 동독이 붕괴되었을 때 서독의 콜 총리는 2차 세계대전 전승국인 미국, 소련, 영국, 프랑스에 각기 다른 대가를 지불하면서 동독을 흡수 통일했다. 특히 당시 미국 부시 대통령의 적극적인 독일 통일 지지가 핵심적 역할을 했다.

셋째, 북한 주민들이 우리나라와 통일을 원해야 한다. 독일 통일 과정에서 동독 주민 수백만이 서독으로 망명하고,

---

19   순망치한은 입술이 없으면 이가 시리다는 뜻으로, 북한이 한국에 흡수통일되면 중국이 직접 자유민주국가와 국경을 맞닿아 완충지대가 사라져 전략적으로 어려워 진다는 의미이다.

동독 주민들이 대대적으로 통일 시위를 벌인 것이 독일 통일의 기반이 되었다.

앞서 대외환경 분석에서 미·중 글로벌 패권 시나리오 상 중국이 붕괴되는 '시나리오 1Collapse of Giant' 상황이 발생된다면 북한에 대한 중국의 지원은 끊어질 가능성이 높다. 따라서 우리나라가 강대국이 되고자 하는 국가목표를 설정하고 이 목표 달성을 위해 통일이 반드시 필요하다는 대외전략을 설정한다면 시나리오 1의 상황 발생을 유도하고 있는 미국과 보다 철저한 동맹에 기반한 전략을 실행해야 할 것이다.

중국이 경제적으로 어려워지고 정치적으로 민주화되면서 다시 미국 주도의 글로벌 분업체계로 들어온다는 것은 우리나라의 국익에도 그대로 일치한다. 따라서 첫 번째 대외전략은 바로 '결미붕중(結美崩中)'이다. 결미의 핵심은 미국이 중국을 시나리오 1로 유도하는 상황에서 우리나라가 적극적으로 지원·지지하는 것을 말하며, 이를 통해 향후 나오는 성과에 대한 지분을 차지하는 것을 의미한다. 즉 중국 붕괴에 따른 여러 가지 경제적 정치적 과실을 나눠 가지는 경우 우리나라에 가장 큰 과실인 북한 흡수 통일에 대해 미국의 확실하고 적극적인 지지와 지원을 받아내는 것이다.

또한 북한 주민들이 우리나라와 통일을 원하도록 유도하

기 위해서는 북한을 개방시켜야 하며, 이를 위해서는 체계적이고 꾸준한 대북지원이 필요하다. 북한 개방의 핵심은 단순히 관광을 가고 공단을 설립하는 것과 같은 정태적(靜態的) 개방을 넘어서, 교통수단을 통해 북한을 통과할 수 있는 동태적(動態的) 개방이 필요하다. 북한을 통과할 수 있어야 제한적으로나마 북한 주민들과 소통이 가능하다. 이를 위해서는 특히 도로 및 철도를 이용할 수 있어야 하는데, 도로와 철도를 통해 북한을 통과할 수 있다면 우리나라는 바로 대륙과 통할 수 있으며, 이는 물류 혁명을 유발하여 경제 활성화에도 도움이 되지만 북한 주민들과도 소통할 수 있는 계기가 된다. 따라서 두 번째 대외전략은 '통북(通北)'이다.

미국이 적극적으로 우리나라의 통일을 지지한다 하더라도 통일 한국과 국경을 맞댄 러시아가 반대할 수도 있다. 러시아는 미국과 정치·군사적으로는 비등한 수준의 영향력을 보유하고 있기 때문에 러시아의 한반도 통일에 대한 지지가 필요하다. 따라서 러시아와 친밀한 외교관계를 가져가야 할 것이다. 북한을 통과하여 시베리아를 통한 물류 대혁명과 아울러 러시아 주요 수출품인 천연가스PNG, Pipeline Natural Gas를 북한을 통해 우리나라로 연결하는 등의 경제적 이득과 시베리아 및 러시아 극동지역에 대한 투자 등으로 러시아의 지원을 획득하는 것이 필요하다. 따라서 세 번째 대외전략은 '친러 (親露)'다.

마지막으로 일본은 우리나라와 직접적으로 경쟁 관계에 있으며 역사적으로 지금까지 한반도에 대한 침략으로 일관한 국가이므로 통일을 적극적으로 반대할 가능성이 높다. 한반도가 통일된다면 일본은 지금까지 누리던 전략적 이익을 상실하게 된다. 일본이 누리는 분단된 한반도의 전략적 이익이란 아시아에서 미국의 가장 중대한 전략적 교두보이며, 중국의 대항마 역할 및 분단되어 남북 대립으로 일본 수준으로 성장하지 못하는 점 등이다. 이러한 전략적 이익을 계속 향유하기 위해 일본은 한반도 통일을 방해하거나 일정 부분 과실을 가져가는 전략을 취할 것이다. 따라서 일본의 방해 전략을 저지하기 위해 더욱더 미국과 공조해 일본의 방해를 극복해야 하며, 아울러 우리나라가 일본과 win-win할 수 있는 분야인 한반도와 일본 간 해저터널 연결 등을 통해 일본도 대륙과 통하게 하는 등의 일정 부분 공조도 이어나가야 할 것이다. 즉 마지막 대외전략은 '극일(克日)'이다.

정리하면, 우리나라가 통일을 달성하기 위해서는 미·중 글로벌 패권 경쟁에서 중국이 붕괴되는 상황이 발생하고, 북한이 개방되어 통과할 수 있어야 하며 또한 미국과 러시아의 적극적 동의가 필요하며 일본의 방해를 극복해야 할 것이다. 즉 미국과는 중국 붕괴라는 핵심적 이익을 공유하기 때문에 철저히 같이 가야하며(結美崩中), 북한을 동태적으로 개방하여 우리나라 편으로 만들어야 하고(通北), 러시아의 지원을 획득해야 하며(親露) 일본의 방해를 극복해야 한다(克日).

강대국이 되자는 국가목표를 설정하고 그에 따라 통일을 달성하고자 한다면 이러한 통일 전략이 정권 교체에 따라 변화하지 않고 중·장기적으로 결과가 나올 때까지 꾸준히 전개되어야 한다. 과거 서독은 1970년대 빌리 브란트 총리의 동방정책(Ostpolitik, 東方政策)[20]으로 동독의 개방을 이끌어 내고 이후 20년간 이러한 개방 및 지원 정책을 꾸준히 이어간 결과 통일을 달성할 수 있었다.

유사하게 한국이 통일이 된다면 우리나라의 인구 및 영토 규모가 강대국이 되기 위한 최소한의 수준으로 상승할 것이다.

---

20 동방정책은 1969년에 집권한 서독 브란트 정권은 아데나워 시대로부터의 외교정책이던, 동독을 정식 국가로 승인한 국가와는 외교관계를 갖지 않겠다는 것을 골자로 한 할슈타인 원칙을 공식적으로 포기하고 동유럽 각국에 대한 외교를 적극적으로 추진하여 동독을 포함한 동구권 유럽국가들과 수교를 통해 정치 경제적 이득을 취한 정책이다.

제3절 대내전략

우리나라가 지금보다 두 배 이상의 1인당 GDP 6~8만 달러를 달성하기 위한 산업전략과 이러한 산업전략을 실행하는데 필요한 경제, 정치, 교육, 사회 등 각 분야의 근본적인 혁신 방안에 대해 살펴보자.

1. 산업전략 방향성: 글로벌 융·복합 리더 전략
(Global Convergence Leader Strategy)

인구 5천만 명 이상, 1인당 GDP 4만 달러 이상의 국가 중에서 제조업을 잘하는 국가는 독일과 일본 정도이며, 미래 선도 기술 기반의 제조·서비스업이 뛰어난 국가는 글로벌 분업체계의 관리·감독 역할을 수행하는 미국이다.

먼저 제조업을 놓고 보면, 1인당 GDP 4만 달러가 넘는 국가에서 제조업이 경쟁력을 가지는 것은 토지, 노동 등 요소 가격의 경쟁력이 낮아 매우 어려운 것이 사실이다. 따라서 이들 국가들은 차별적 기술과 산업전략으로 지금의 입지를 구축했다. 독일의 산업전략은 프리미엄 전략으로 자동차, 기계, 전자, 바이오 등 산업에서 높은 수준의 엔지니어링 기술을 기반으로 차별적인 제품을 프리미엄 가격에 판매하는 구조로 제조업을 운영하고 있다. 반면 일본은 차별적 기술로 완제품 이전 단계의 부품을 잘 만들어 입지를 굳히고 있다. 즉 독일은 제조의 프리미엄화를 달성하여 고품질·고가격 전략으로 글로벌 분업체계에서 차별적 지위를 차지하고 있으며, 일본은 자동차를 제외한 전기·전자 등 분야에서 뒤처졌지만 차별적 기술에 기반한 소재 및 부품 영역에서 독보적 경쟁력을 보유함으로써 글로벌 분업체계에서 차별적 지위를 유지하고 있다.

미국은 미래 선도 기술 기반의 R&D, 차별적 생태계Eco-system 구축 및 브랜딩 중심의 마케팅 역량 등에 경쟁력을 유지 및 강화할 수 있는 가치사슬Value Chain에 집중하고, 생산이나 운영은 아웃소싱Outsourcing함으로써 제조업의 경쟁력을 유지하고 있다. 또한 세계 최대의 단일 시장이라는 시장 지위 Market Position와 세계 공용어인 영어를 활용하여 언택트untact 업인 구글, 페이스북과 같은 인터넷 플랫폼OTT, Over-The-Top업, 우버, 에어비앤비 등 O2OOnline-to-Offline 플랫폼업, 넷플릭스, 스포티파이 등 인터넷 미디어Internet Media플랫폼업, 아마존, 이베이 등 이커머스e-Commerce 플랫폼업 등 다양한 untact 플랫폼업을 활성화시키고 있다. 이들 untact 플랫폼업은 4차 산업혁명의 핵심 가치사슬인 빅데이타 수집, 저장, 분석 및 활용에 필요한 핵심 기술인 카메라, 센서 등 IoTInternet of Things 기기, 저장공간인 클라우드Cloud, 분석 및 활용을 위한 인공지능AI: Artificial Intelligence, 5G 통신기술 등 전송, 디스플레이 영역에서 증강 및 가상현실AR: Augmented Reality, VR: Virtual Reality 등의 영역에서 미래 선도 기술 개발의 테스트베드Test-Bed 역할을 수행하고 있다.

이들 국가들의 산업전략을 살펴보면 각자 글로벌 분업체계에서 차별적 입지를 구축하여 각기 구축된 영역에서 압도적으로 글로벌 시장을 차지하고 있다는 것을 알 수 있다.

정리하면, 독일은 제조의 프리미엄화 전략Premiumization of Downstream Strategy으로 자동차, 기계, 전기·전자, 바이오 등의 전통적 산업영역에서 압도적 엔지니어링 기술력에 기반한 프리미엄 제품으로 글로벌 시장을 압도하고 있다. 일본은 소재 집중화 전략Upstream Focus Strategy으로 소재 및 부품 영역에서 압도적 기술력에 기반한 진입 장벽을 유지·강화하여 글로벌 시장을 가져가고 있다. 반면 미국은 연구·개발되는 미래 선도 기술의 플랫폼화 전략Platformization Strategy으로 관련 untact 플랫폼 및 플랫폼에 필요한 요소 기술, 콘텐트 및 단말기 Device 시장에서 글로벌 시장을 석권하고 있다.

그러면 우리나라만의 차별적인 지위를 확보하여 경쟁력을 강화할 수 있는 산업전략 옵션은 무엇인가?

첫 번째 전략은 이미 성공이 입증된 다른 국가의 산업전략을 벤치마킹하여 따라잡아 대체해 나가는 것이다. 즉 독일의 제조 프리미엄 전략, 일본의 소재 집중화 전략, 미국의 플랫폼화 전략 중 하나를 선택하여 철저한 벤치마킹을 통해 따라잡는 것이다. 우리나라는 지금까지 철저히 주력산업 분야별 글로벌 선도 국가 및 기업을 벤치마킹하며 각 국가 및 기업들의 장점을 빠르게 흡수해 따라잡는 '패스트 팔로워 전략 Fast-Follower'으로 성장했다. 따라서 우리나라는 이러한 전략에 익숙하기 때문에 성공 가능성도 높을 것이다.

두 번째 전략은 미래 산업 변화의 핵심인 융·복합 기술을 활용하여 재정의되고 있는 신산업 영역을 선도해 나가는 것이다. 자동차는 이미 전기차로 서서히 대체되고 있는데, 전통적인 내연기관 중심의 자동차와 전기차는 사람을 운송하는 본질적 가치는 동일하지만 내부의 핵심 구성요소는 판이하게 달라 완전히 다른 산업으로 재정의될 수 있다. 즉 전기차는 '굴러다니는 전자기기Moving Electronic Device'가 되어 배터리, 반도체, 디스플레이, 센서 등 전자부품과 빅데이터 수집·저장·분석·활용이라는 4차 산업혁명의 핵심 기술이 녹아 들어가면서 AI, xRAR·VR[21], 미디어 콘텐츠, OTT·O2O 등 플랫폼 등이 총체적으로 융·복합적으로 결합된 새로운 산업으로 재정의되고 있다. 마찬가지로 바이오산업도 전통적인 바이오 자체에 대한 연구개발에 기반한 신약 개발, 진단, 치료 등이 4차 산업 기술들을 활용하여 융·복합적으로 재정의되고 있다. 따라서, 우리나라의 장점 중 하나인 다양한 선도 요소 기술을 융·복합적으로 접목하여 차별적으로 기존 산업들을 재정의하여 새로운 시장을 만들어 내는 데 앞장서 나가는 글로

---

21   확장현실(XR: Xtended Reality)은 가상현실(VR)과 증강현실(AR)을 아우르는 혼합현실(MR) 기술을 망라하는 초실감형 기술 및 서비스를 일컫는 용어다. 이때 X는 변수를 의미하며 VR, AR, MR 뿐만 아니라 미래에 등장할 또 다른 형태의 현실도 다 포괄할 수 있는 용어다.

벌 융복합 선도전략Global Convergence Leader Strategy으로 미래지향
적 신 영역에서 글로벌 분업체계상 차별적 지위를 차지하여
고성장을 가져갈 수 있을 것이다.

이들 두 가지 산업전략을 놓고 보면 기존 산업 내에서 차
별적 품질과 차별적 품질을 확보하기 위한 소재 및 부품 산
업에 집중하는 패스트 팔로워 전략은 이미 우리나라가 수십
년간 실행해 온 전략으로 독일과 일본의 굳건한 아성을 아직
시원하게 뚫어내지 못한 상황이다. 패스트 팔로워 전략이 성
공한다 해도 독일과 일본 수준인 1인당 GDP 4만 달러 수준
을 달성하는 것으로는 우리나라가 목표로 하는 6만 달러 수
준 달성이 어려울 것이다. 더구나 우리나라는 주력 산업 영
역인 전기·전자, 조선 등의 분야에서는 이미 세계 초일류를
달성하여 더이상 패스트 팔로워 전략으로 성장하는 데 한계
가 있다. 또한 패스트 팔로워 전략은 고도의 엔지니어링 기
술이 필요하며, 엔지니어링 기술은 수십 년간 총합적으로 누
적된 기술을 보유한 장인Meister들의 육성이 필요하다. 이들
장인들의 육성은 교육제도 개혁, 엔지니어에 대한 사회인
식 변화 등이 수반되어야 가능하다. 즉 중·장기적인 교육 구
조 개혁이 전제요건이다. 독일은 초등학교 4학년에 인문학
교Gymnasium나 기술학교RealSchule로 진로를 정하며, 기술학교에

진학하면 대학에 진학하지 않고 바로 산업 현장에 투입된다. 이후 수십 년간 특정 분야에서 기술을 익혀 장인으로 성장하는 체계를 갖추고 있기 때문에 차별적인 제품 생산이 가능하고 프리미엄 산업전략이 성공적으로 작동하고 있는 것이다. 과연 우리나라가 독일과 같이 초등학교 4학년에 기술학교로 어린이를 보낼 경우 부모들이 동의할 것인가를 생각해 보면 실행력을 담보하기 어려운 구조개혁으로 보인다.

이러한 글로벌 융복합 리더라는 웅대한 전략을 달성하기 위해서는 수십 년간 꾸준한 중장기적 추진이 필요하며, 이를 달성하기 위한 충분조건인 전략과제를 설정하고, 나아가 이렇게 추진하는데 변화의 필요조건인 위생요인Hygiene Factor을 정의하고자 한다.

2. 전략과제

글로벌 융복합 리더가 되기 위해서는 전통적 산업 구분론에 따른 제조업 중심의 산업을 미래지향적으로 산업을 재정의하고 그에 따른 산업정책을 수립하고, 재정의된 산업에 필요한 역량을 정의하고 이를 확보하기 위한 방안을 살펴보자.

A. 산업 재정의

지금까지의 산업은 전통적인 산업 구분에 따라 경공업, 식·음료, 석유화학, 조선, 에너지, 자동차, 전기·전자, 제약·바이오, 유통, 금융 등으로 정의되어 각 산업별로 규제 및 지원이 이루어지고 있다. 그러나 4차 산업혁명으로 등장한 새로운 기술은 기존 산업과 접목해 산업간 융·복합이 가속화되어 새로운 형태의 산업으로 진화하고 있다.

예를 들어 전기자동차는 기존 산업 구분으로는 자동차 제조업이지만, 전기 에너지를 사용하는 측면에서는 에너지 산업과 융·복합이 일어나고, 자율주행이라는 측면에서는 O2O 차량공유 서비스 플랫폼 및 각종 미디어 콘텐츠 소비로 인해 미디어 서비스 플랫폼과도 융·복합이 발생한다. 또한 차량 내 카메라나 레이더 등 센서와 반도체 및 배터리 등 핵심 부품 활용은 전기·전자 산업의 핵심 영역이며, 더 나아가 빅데이터 수집·저장·분석·활용은 클라우드 기반의 AI 플랫폼 서비스로 정의될 수 있다. 따라서 '자동차 산업'은 이제 더는 내연기관 중심의 중후장대 산업이라기보다는 '모빌리티Mobility 산업'으로 새롭게 정의해야 한다. 이렇게 재정의하게 되면 전기차 판매에 따른 매출을 확보하는 단순한 수익 모델을 넘어서 충전, 미디어 콘텐츠, 자율주행, 공유 등 다양한 연관 서비스를 통합적으로 제공 및 그에 따른 플랫폼 효과를 확보할 수 있는 진화된 수익 모델로의 확산까지 글로벌 차원에서 사업모델을 혁신할 수 있는 기반이 된다. 이에 따라 우리나라가 진화하는 모빌리티업의 글로벌 생태계를 구축하여 차별적 지위를 확보할 수 있게 된다.

제조업의 경우 4차 산업혁명의 다양한 기술을 활용한 디지털 트랜스포메이션Digital Transformation을 적용할 경우 제품의 연구·개발, 구매, 생산, 마케팅·영업 등 전 영역을 아우르는 가치사슬Value Chain에서 빅데이터 정보의 수집·저장·분석·활용이 가능하다. 여기서 핵심은 실시간 정보 수집에 해당하는 각종 센서 – 저장 / 분석 / 활용에 해당하는 AI 기반의 엣지 클라우드 플랫폼Edge-Cloud AI Platform, 실행을 담당하는 로봇 등의 미래 기술을 활용하면 제조업이 AI 및 로봇을 활용한 '프로세스업'으로 재정의될 수 있다.

이렇게 제조업이 프로세스업으로 재정의될 경우 프로세스상 특정 프로세스, 예를 들어 연구개발, 정보센싱, 정보분석/활용 등에 전문화된 업종이 새로 탄생할 수 있으며, 이를 통해 특정 프로세스업이 글로벌 융복합 리더로 성장할 수 있다. 이렇게 프로세스별로 강력한 기업들이 등장하게 되면 다른 산업들에 적극적으로 활용이 되고 그에 따라 다른 산업들도 효율성과 효과성이 증대될 것이다.

따라서 향후 우리나라가 글로벌 융·복합 리더 국가로 성장하기 위해서는 미래 산업에 맞게 산업을 재정의하여 그에 맞는 지원과 규제를 적용해야 한다. 그래야만 글로벌 차원에서 융·복합되어 새롭게 창출, 변화하는 산업을 선도하는 기반을 마련할 수 있다.

B. 대규모 투자 유도

미·중 간 글로벌 패권 경쟁으로 미국 주도로 세계적인 반중국 연대가 확산할 것이다. 이는 중국산 제품에 대한 글로벌 차원에서 불매운동이 지속화될 수 있음을 의미한다. 과거 중국은 태양광, 조선업, 디스플레이 등 우리나라 핵심 산업들을 하나씩 뛰어넘으며 성장해 왔으나, 향후 글로벌 차원의 중국산 제품에 대한 견제로 인해 현재 및 미래의 최대 경쟁국이 글로벌 주요 시장에서 사라질 것이다. 따라서 우리나라는 이런 글로벌 차원에서 주는 기회를 최대한 활용하기 위해 주력 산업에 대한 대규모 투자를 독려하기 위한 친기업 정책을 과감히 펼칠 필요가 있다.

특히 중국에 진출한 기업이 국내로 다시 들어오는 경우 Reshoring뿐만 아니라, 기존 산업들에 대한 증설 및 신규투자에 대한 규제 혁파 및 파격적 세제 혜택으로 대규모 투자를 유도해야 한다.

또한 미래 4차 산업혁명의 핵심 영역인 정보의 수집-저장-분석-활용과 관련된 모든 영역의 제품 및 소프트웨어 분야가 국내 산업에서 실제 사업화되어 국내에서 먼저 test-bed를 구축하고 향후 해외로 진출할 수 있는 기반을 선제적으로 마련해야 한다. 예를 들어 디지털 헬스의 경우 엄청난 시장 잠재력에 비해 국내 의료 및 제약 등 관련 규제로 인해 디지털 기술을 활용하여 사업화하는데 상당한 장애가 있어 투자를 진행하지 못하는 경우가 많다. 의사, 약사 등 특정 집단의 경제적 지대[22]를 위한 규제장벽만이라도 과감히 철폐한다면 실제 엄청난 투자가 유발될 수 있을 것이다.

C. 핵심소요 인력 양성

산업을 재정의하게 되면 그에 따라 우리나라가 필요로 하는 핵심 역량을 정의할 수 있고 핵심 역량을 확보하기 위한 전략 방안을 개발할 수 있다. 미래 핵심 소요 역량은 빅데이

---

22 경제적 지대(economic rent): 기득권을 보호를 목적으로 진입장벽을 높게 쌓기 위해 정치적 로비 등을 통해 초과되는 이득

터 수집·저장·분석·활용에 필요한 각종 전자기기 및 핵심 소재·부품을 개발하는 하드웨어 역량과 AI 및 각종 솔루션을 개발하는 소프트웨어 역량이 필요하다. 특히 AI 개발 역량은 글로벌 융·복합 리더가 되기 위한 필수적인 역량으로 종래 우리나라가 하드웨어 제조 중심의 역량을 넘어서 새롭게 확보해야 할 것이다. 이를 위해 소프트웨어 개발 역량을 강화해야 하고, 산업을 넘어선 국가 차원에서 소프트웨어 핵심 인력 양성을 위한 집중적인 투자를 계획·집행해야 할 것이다.

현재 우리나라의 AI 관련 인력은 미국, 중국과 비교해 1/10 수준으로 향후 우리나라는 '10만 AI 소프트웨어 인력' 양성을 중·장기적으로 목표로 설정하고 추진해야 한다.

2018 주요국가 인공지능 관련 인력 수 TOP 5 (명)

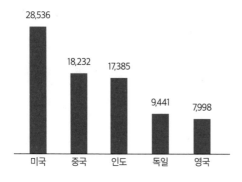

한국은 미국과 중국의 AI 인력의 10분의 1 수준으로 이란 6,219명, 터키 3,385명 보다도 적은 것으로 조사 됐다.

D. 교육 혁신

글로벌 융·복합 리더가 되기 위해 미래 핵심 인력을 양성하는 교육 혁신은 매우 중요하다. 현재의 중·고등학교 교육은 선행학습에 기반한 암기식 교육으로 창의성이 핵심인 미래형 인력을 양성하는데 부족한 것이 사실이다. 또한 창의성에 불필요한 선행학습을 위해 막대한 사교육비를 지출하고 있으며 이는 가계에 엄청난 부담으로 작용하여 저출산의 큰 이유 중 하나가 되고 있다. 국가적 차원에서도 엄청난 낭비가 아닐 수 없다. 사교육은 재력에 기반한 교육 기회의 새치기로 '공정한 기회'에도 배치된다. 따라서 사교육을 금지하고 공교육 중심으로 중·고등학교 교육을 정상화하는 것도 심각하게 고려해 봐야 할 것이다.

글로벌 융·복합이 핵심인 미래 산업에 맞추어 대학도 혁신해야 할 것이며, 이와 함께 소프트웨어 인력 10만 양성을 위한 전초 기지로서 소프트웨어 전공 학생들에 대한 장학금 등 지원도 아끼지 말아야 할 것이다. 아울러 AI 핵심 인력의 글로벌 수준을 능가하는 연봉으로 우수한 국내외 교수진을 영입하여 교육의 질과 양을 급격히 향상시켜야 할 것이다.

E. 노동 개혁: 수급 불일치와 이중구조화

노동 개혁은 크게 두 가지 문제를 풀어야 할 것이다. 첫째는 미래 노동력 수요와 공급의 불일치Mismatch를 어떻게 해결할 것인가 하는 점이다. 즉 미래 융·복합 시대에 스마트 팩토리Smart Factory가 도입되면서 미래 제조업은 제품 연구·개발과 디자인 단계부터 생산 및 판매까지 전 단계가 거의 무인화되어 현재 역량을 갖춘 노동력에 대한 수요가 급격히 줄어들게 된다. 반면 새롭게 늘어나는 범 4차 산업혁명의 핵심 기술 및 융·복합 관련 솔루션 개발 등에 대한 노동력과 온·오프라인 융합형 사업이 급증함에 따른 오프라인 노동력 수요가 급증할 것이다. 대표적 사례가 글로벌 스포츠용품 업체인 아디다스다. 아디다스는 종래 50만 켤레의 신발 생산을 위해 600명의 노동자가 필요했으나 스마트 팩토리로 전환한 이후 10명의 노동자로 충분히 동일한 일을 할 수 있게 된 것이다. 스마트 팩토리는 단순히 신발과 같은 경공업 영역을 넘어 중공업으로 확산될 것이며 이를 대비하여 선제적인 노동 개혁이 필요하다.

과거 18세기 영국에서 산업혁명이 일어났을 때 수많은 농민을 도시 노동자로 내몬 인클로저 운동Enclosure Movement이나, 기계가 노동자들에게 저임금 및 빈곤을 가져온다는 이유로 산업 기계를 파괴하여 산업혁명에 격렬히 저항한 러다이트 운동Luddite Movement 등이 있었다. 스마트 팩토리가 산업 전 방위에 적용되면 기존 노동계는 급격한 일자리 감소로 인해 격렬하게 저항할 것으로 보인다.

4차 산업혁명으로 인해 노동력에 대한 수요가 급격히 줄어드는 영역과 더불어 새롭게 수요가 급격히 늘어나는 영역이 있을 것이다. 노동력이 줄어드는 영역은 스마트 팩토리가 적용되는 영역과 아울러 AI가 대체할 범사무직일 것이다. 반면 글로벌 융·복합에 따라 새롭게 태동하는 산업이나 기존 산업의 변화로 나타나는 새로운 영역은 노동력에 대한 수요가 급증할 것이다. 따라서 '노동력의 큰 이전Big Migration of Labor' 을 위한 민간과 국가 차원의 교육·훈련이 필요할 것이다. 교육 및 훈련비는 4차 산업혁명의 핵심 기술 및 솔루션을 도입함에 따라 발생하는 기업의 이윤 일부를 기계 과세로 재원을 확보하여, 지원할 수 있을 것이다.

두 번째는 노동 시장의 이중구조화(二重構造化)를 어떻게 해결할 것인가 하는 점이다. 현재 우리나라는 IMF를 극복하기 위해 2000년에 도입한 비정규직 제도로 인해 노동시장이 고임금, 고용보장 및 복지를 누리는 정규직과 저임금, 해고 불안 및 복지를 누리지 못하는 비정규직 이중구조로 이루어져 있다. 그에 따라 한국은 계층 이동 사다리가 사라진 신계급사회로 급속히 변모했다. 그 근본적 원인은 하층계급을 이루는 비정규직의 워킹푸어 양산이다. 비정규직은 고용이 불안정한 상황에서 실질임금마저 정규직 대비 절반 이하로 미래에 대한 꿈과 희망을 품기 힘든 계층이다.

비정규직은 경제의 중대한 두 가지 원칙에 어긋나는 불합리한 제도다. 먼저 '고위험, 고수익High Risk, High Return'에 어긋난다. 고임금과 복지를 동시에 누리면서 정년보장까지 안전장치를 가진 정규직은 노조 등을 통한 경제적 지대 추구행위 Economic Rent-Seeking[23]로 인해 저위험 고수익Low Risk, High Return이라는 꿈과 같은 수혜를 누리는 반면, 저임금, 저복지에 해고 불안을 당하는 비정규직은 고위험 저수익High Risk, Low Return이라는 악몽 같은 피해를 당하는 것이다. 또한 '동일 노동, 동일 임금Equal Pay for Equal Work'의 원칙에도 어긋난다. 정규직과 동일

---

23 기득권을 보호를 목적으로 진입장벽을 높게 쌓기 위해 정치적 로비 등을 통해 초과되는 이득을 유지 및 강화하려는 행위를 의미한다. 변호사, 의사 등 자격증이 토지와 마찬가지로 공급이 자격증으로 제한되어 지대와 유사하게 초과되는 이득이 발생하는 구조라는 의미에서 만들어진 경제용어이다.

한 일을 하는데 다른 대우를 받는 것은 희생을 강요하는 것이다.

우리나라가 강대국이 되기 위한 전략의 일환으로 글로벌 융·복합 리더로 성장하기 위해서는 정규직뿐만 아니라 비정규직도 적극적으로 활용하여 고도화해야 한다. 미래 산업변화가 급속하게 발생하기 때문에 비정규직 제도를 활용한 노동시장의 유연성을 높여 나가는 것도 매우 중요하다. 따라서 고용보장이라는 안정성과 임금 및 복지라는 수익성이 상호 역의 상관관계Trade-off를 가지는 제도를 만들어 동일 노동에 대해 비정규직으로 고용안정 없이 정규직보다 높은 임금을 주는 제도로 현재의 비정규직 제도를 혁신해야 할 것이다. 즉 안정성을 추구하는 사람들은 정규직을 선택하게 하고, 수익성을 추구하는 사람들은 비정규직을 선택하게 하여 신계급을 타파하는 동시에 노동시장의 유연성을 높여 나가야 할 것이다.

F. 재벌 개혁: 비시장의 시장화(전문성 강화)

현재 글로벌 차원에서 일어나고 있는 4차 산업혁명의 핵심 요소 기술, 특히 AI 등에 대한 개발 경쟁은 단순히 일개 기업을 넘어선 국가 차원의 흥망에 지대한 영향을 미치는 것으로 미국, 중국 등 선도국은 국가 차원에서 개발을 독려하고 있다.

현재 우리나라의 민간 경제는 소위 재벌 구조로 이루어져 4차 산업혁명의 핵심 요소 기술에 대한 개발을 재벌 그룹 단위의 IT 서비스 회사가 주로 담당하고 있다. 주요 재벌 그룹은 핵심 산업 영역이 아닌 기능 영역functional areas에 해당하는 IT 서비스, 광고·홍보 서비스 및 물류 서비스를 담당하는 자회사를 두어 이러한 자회사가 재벌 그룹 내 계열사에 필요한 기능 서비스를 제공하는 구조이다. 즉 엄청난 기능 서비스 시장을 각 재벌 그룹 내에서 움직이게 만드는 "시장의 비시장화"된 구조인 것이다.

IT 등 기능 자회사가 각 재벌 그룹 내 captive 구조로 서비스를 제공하는 '비시장화'는 많은 문제가 발생한다. 가장 큰 문제는 captive로 서비스를 제공하는 구조이다 보니 각 기능의 전문성이 떨어지고 매출 규모도 낮아 대외 경쟁력을 갖춘 글로벌 차원의 전문 서비스 역량을 갖추기 어렵다는 것이다. 글로벌 전문 서비스 회사인 IBM, 클라우드 서비스 아마존, 물류 서비스 페덱스 등이 우리나라에서 나오기 어려운 구조적 한계가 존재하는 것이다. 또한 기능 자회사를 활용하여 IT, 광고 및 물류 서비스를 이용하다 보니 재벌 그룹 계열사들은 낮은 품질의 서비스를 높은 가격으로 이용해야 하는 비효율성이 증대되어 결국 해당 계열사들의 글로벌 경쟁력은 나빠질 수 밖에 없다. 또한, 재벌그룹들이 이들 기능서비스 자회사를 활용한 소위 '일감 몰아주기'로 자녀들에게 큰 힘을 들이지 않고 세습이 가능한 도구로 활용하고 있다.

따라서 우리나라가 글로벌 융·복합 리더로 거듭나기 위해서는 미래 핵심 기술과 솔루션을 연구·개발하고 서비스화하는 전문적인 기업들이 나와야 하며, 이를 위해서는 재벌그룹이 보유한 IT, 광고 및 물류에 해당하는 기능서비스 제공 자회사를 모두 떼어내어 핵심 영역별로 통폐합하고 글로벌 경쟁력을 갖춘 기능 서비스 회사를 육성하는 '비시장의 시장화'를 추진해야 할 것이다. 독립된 기능 서비스 회사를 육성해 4차 산업혁명의 핵심 기술을 연구개발하고 서비스화하여 국내 기업들의 글로벌 융·복합을 지원하며 아울러 이러한 기능 서비스 회사들이 쌓은 역량을 기반으로 세계에 진출하는 것이 필요하다.

3. 혁신의 필요조건 (위생요소)

한반도를 둘러싼 지정학적 요소들과 4차 산업혁명으로 산업들이 재정의되는 급변하는 환경 속에 우리나라가 새로운 국가목표 하에 전략을 설정하면 이를 중장기적으로 꾸준히 실행해야 국가목표를 달성할 수 있을 것이다.

이렇게 꾸준한 전략실행으로 국가목표를 달성하기 위해 장애가 되는 요소는 크게 네 가지로 이 요소들을 제거하여 혁신하지 않고는 앞선 전략들이 실행되기 힘들 것이다.

우리의 발전을 가로막는 핵심적인 장애 요소들은 근본 정책의 기본 방향이 상황에 따라 변경되어 중장기적으로 일관되게 어떤 일이든 추진하기 힘든 사회적 신뢰 부족, 진영논리에 따라 감성 및 감정에 호소하는 비합리적 정치 행태, 미래 핵심 기술인 범 4차산업혁명 선도 및 핵심 분야별 기술이 부족한 전문성, 투명성이 결여된 돈의 흐름과 정책 결정에 따른 구조적 부패 발생과 정책실패의 확대재생산 등이다. 따라서, 근본적인 혁신을 달성하기 위해서는 정치, 경제, 사회 전반에 ①신뢰성 확보, ②합리성 제고, ③전문성 증대, ④투명성 강화라는 혁신의 큰 원칙에 기반한 구조적 개혁이 새로운 국가목표 달성을 위한 필요조건에 해당하는 위생요인Hygiene Factors들이다.

산업혁명 전까지 최대 경제 부국이었던 중국에서 산업혁명이 발생하지 않고 영국에서 발생한 이유를 설명하는 근거 중 하나는 바로 사회 전반의 신뢰성이다. 12세기 송나라는 화약 등 각종 신기술을 발명하고 상업도 발달하여 경제가 활성화된 나라였다. 그러나 산업혁명이 발생하지 않은 이유는 경제가 발달하여 이룬 과실에 대해 국가에서 임의로 가져가고 또한 개인 간 계약에 따른 의무 이행에 대한 제재가 유명무실하여 중장기적인 영속성 하에 열심히 하면 잘살게 된다는 사회적 신뢰가 무너져 열심히 하려는 개인과 조직의 노력을 없애는 결과를 만들어 결국 나라가 패망하였다. 반대로 영국은 계약 자유의 원칙과 국가 개입 원칙을 확고히 정하고 이를 중장기적으로 꾸준히 실행한 결과 누구나 열심히 하면 결과를 예측 가능하게 만들어 산업혁명에 성공하고 이를 기반으로 대영제국을 건설하게 된 것이다. 즉 눈에 보이지 않는 미래 예측 가능성에 기반한 사회적 신뢰를 확보하는 것은 구조적 혁신을 가능하게 하여 중·장기적 발전을 이루는 근간이 되는 것이다.

우리나라는 1987년 제6공화국 헌법 아래 자유민주적 기본질서를 근간으로 몇 차례 부침을 겪었으나 나름의 사회적 신뢰라는 중·장기적 발전의 근간을 확보해 왔다. 그러나 최근 이러한 사회적 신뢰를 심각하게 훼손하는 정책들이 실행되고 있어 중·장기적 전략에 따른 발전이 힘들어지게 되었다. 예를 들면 국민연금의 경영 참여를 강화하는 조치는 주주로서 권리행사Stewardship Code라는 취지에는 맞지만, 국내 최대 규모의 펀드가 국내 주요 기업들에 해당하는 KOSPI 200에 2대 또는 3대 주주로 지분을 보유하고 있는 상황에서의 적극적 경영 참여는 자칫 기업에 대한 경영 참여가 되어 사회주의화할 우려가 있다. 또한 국민연금의 경영 참여는 기업가들로 하여금 정경유착을 통한 불합리한 의사결정 관철이라는 부작용을 초래할 수도 있다. 이는 기본적으로 자유민주적 기본 질서에 어긋날 수 있고 기업가들에게 중·장기적 혁신을 통한 발전을 저해할 수 있는 것이다. 즉 사회적 신뢰 상실로 이어질 수 있다. 또 생산성 증대 없는 과도한 임금 상승을 유발하는 소득주도성장 정책은 경제성장의 선행 조건인 투자에 기반한 성장을 저해하여 경제 주체들에게 잘못된 신호Signal을 주고 있다. 기업이 산업 투자를 기반으로 생산성을 높이고, 이에 따라 근로자의 소득 증대로 이어져 선순환 구조로 작동하는 경제 원칙을 깨고 정부가 인위적으로 소득 증대를 실현한다면 기업의 경제적 부담 가중, 재정적자 확대에 따른 세금 증가 등으로 인해 투자 및 소비 여력이 위축되어 결국 소득이 축소되는 상황이 될 것이다. 이는 이미 남미에서 수십 년간 실험한 결과이며, 사회적 신뢰를 상실하는 정책은 곧 국가를 큰 위기 상황으로 치닫게 할 수 있다.

사실에 기초한 합리성이 사라진 진영논리에 따른 정치 행태는 역사적으로 많은 대가를 치르게 했다. 대표적으로 앞에서 설명한 임진왜란 직전의 동인과 서인 간 진영논리, 병자호란 직전의 척화파와 주화파 간 진영논리에 따른 사실 무시는 국가를 국난으로 몰고 간 비합리성의 극치를 보여준다. 이러한 비합리적 진영 기반의 정치 행태는 결국 그 피해가 국민들에게 고스란히 돌아간다. 진영논리에 빠진 정치권은 큰 피해를 입지 않는다. 임진왜란과 병자호란으로 죽어나간 것은 백성이며 살아남은 자는 진영논리에 빠진 정치인들이다. 수십만이 희생된 병자호란에서 척화파 수장인 김상헌은 살아남지 않았는가.

지금도 우리나라는 진영논리에 따라 사실을 무시한 비합리적 정치행태를 지속하고 있다. 대표적 예는 2008년 5월 이명박 정부의 미국산 쇠고기 수입 재개 협상을 반대하기 위하여 학생과 시민들의 모임으로 출발한 '광우병 촛불 시위'다.

100일 이상 이어진 집회는 교육 문제, 대운하, 공기업 민영화 반대 및 정권 퇴진 등 정치적으로 확대되었다. 5월 2일 첫 집회 이후 2개월간 연일 수백, 수십만 명이 참가했으며, 6월 10일을 정점으로 7월 이후에는 주말 집회가 계속되었다. 이를 촉발한 MBC 〈PD 수첩〉의 광우병 관련 보도에 대해 2011년 9월 2일 대법원(주심 양창수 대법관)은 "대한민국 국민이 광우병에 걸릴 가능성이 더 크다는 보도"는 명백한 허위 보도이며, 이에 정정 보도를 내보내라고 판결했다. 만약 미국산 쇠고기가 아니라 중국산 쇠고기였다면 과연 광우병 촛불시위가 일어났을까는 의문이다. 또한 광우병을 넘어선 정권 퇴진 운동으로 확대되었다는 것 자체가 미국산 쇠고기를 빌미로 범좌파 진영 총궐기의 성격을 갖는다고 볼 수 있다. 문제의 핵심은 잘못된 사실을 기반으로 대대적인 정권 퇴진 운동으로까지 치달은 광우병 촛불시위는 대표적인 비합리적 진영 논리에 기반한 정치행태라고 볼 수 있다.

상당히 전문적인 영역에서 전문가 집단이 문제를 해결해 나가야 문제가 제대로 해결되고, 그에 따라 국가가 발전한다. 우리나라는 비전문가Generalist가 전문적인 영역에서 전문가Specialist처럼 현안 과제에 대한 의사결정과 실행을 하는 경우가 많아 잘못된 의사결정과 실행으로 매우 큰 사회적 비용을 치러왔다. 비전문가의 전문 영역 진입은 크게 두 가지 경로를 통한다.

첫째, 각 부처 업무에 대한 문외한을 장·차관으로 임명하거나 주요 공기업에 비전문가를 CEO로 임명해 막중한 업무를 맡기는 경우다. 최근 현 정권이 들어선 2017년 5월 이후 3년간 22차례의 부동산 대책을 발표하고 실행해 왔으나, 부동산 대책의 핵심 타깃 지역인 서울 강남권의 경우 2020년 7월 초 기준 51.7% 상승했다. 주무부처인 국토교통부 장관은 부동산과 경제에 대한 경험이 전무한 정치인 출신으로 서울 및 강남 부동산 가격을 억제하기 위한 거래세, 보유세 등 각종 세금 인상, 대출 규제 등 수요억제책을 사용했으나 이는 공급을 급속히 줄여 부동산 가격 폭등을 유발했고, 이런 폭등을 억제하기 위해 또 다른 수요억제책을 강화하는 악순환을 지속하여 결국은 대다수 중산층 및 서민층 국민들이 큰 피해를 보게 만들고 있다. 부동산 수급에 대한 이해와 경험, 나아가 경제 정책 운용에 대한 경험이 있는 전문가가 해야 할 일을 비전문가에게 맡겨서 실패가 예견된 정책을 만들어 낸 것이다.

둘째, 고위 공무원들이 거의 1년 단위로 보직을 순환하도록 해 전문성을 쌓을 수 없게 만드는 구조다. 소위 '1만 시간의 법칙'이라는 것은 특정한 영역에서 1만 시간 동안 일을 해야 전문가가 된다는 것인데, 1~2년 단위로 보직이 변경되면 특정 영역에서 전문성을 쌓기 어렵고, 수많은 공무원을 비전문가인 일반행정가로 만들어 주로 관리·감독하는 관료 양성을 하는 것이다.

모든 것이 투명하게 보이는 곳에서는 절대 부정부패가 발생할 수 없다. 부정부패는 대가와 잘못된 의사결정이 교환되는 것이다. 따라서 투명성을 확보하기 위해서는 대가에 해당하는 돈의 흐름과 관련한 투명성과 권력·권한 행사의 의사결정과 관련한 투명성을 가져야 한다. 지난 2016년 촛불시위는 대통령과 기업 간 대가와 잘못된 권한 행사를 바로 잡기 위해 일어난 것이다. 대부분의 부정부패는 기업의 소위 비자금에서 발생하는 것으로 기업에 대한 투명한 회계감사를 실시한다면 비자금의 규모 및 사용처를 밝혀낼 수 있는 것이다. 대형 부정부패는 사회 전반적인 투명성이 높아지지 않는다면 끊임없이 발생할 수밖에 없는 사회구조적 문제이다.

신뢰성 확보, 합리성 제고, 전문성 증대, 투명성 강화 등의 4대 필요조건들을 확보하기 위한 전략과제는 다음과 같다.

A. 자유민주적 기본질서 강화

한 국가의 사회적 신뢰가 쌓이면서 확고하게 되기 위해서는 과정과 결과에 대한 예측 가능성이 높아야 하며 이러한 예측 가능성이 실제 결과와 같아야 한다. 예를 들어 미국은 자영업자들에 대한 세무조사를 거의 하지 않고 자율적으로 세무신고를 한다. 다만 탈세가 발각되면 사업이 망하는 수준의 강력한 벌금과 형사처벌을 받게 된다. 즉 탈세가 발각될 확률은 낮지만 한번 발각되면 망하는 구조인 셈이다. 따라서 탈세는 곧 망한다는 사회적 신뢰가 구축된 것이다. 그러기 때문에 자율적인 세무신고를 하게 되고 국가의 세무 관련 비용이 절약되는 선순환 구조가 되는 것이다.

우리나라의 경우 탈세가 발각되면 가벼운 처벌이나 그냥 넘어가는 경우도 있어 일정 부분 탈세는 괜찮다는 사회적 묵시가 형성된 것으로 보인다. 따라서 탈세를 찾아내기 위한 국가 비용이 증가하는 악순환 구조가 나타나는 것이다.

자유민주적 기본질서의 핵심은 사유재산권과 자유로운 경제활동에 대한 보장이다. 우리가 노력한 만큼의 결과에 대한 보상의 예측 가능성과 그 결과가 같아야 사회적 신뢰가 확보되고, 개인과 기업은 더욱 잘하려는 의지를 갖고 열심히 일할 것이다. 문제는 사유재산권에 대한 공개념(公概念)적용 등 사회주의적 규제를 가하거나 가하려는 시도를 할 경우 보상에 대한 불확실성이 급증해 사회적 신뢰가 사라지고, 이로 인해 해외 이민, 경제활동 중단 등 다양한 형태의 '전략적 행위Strategic Behavior'가 나타나 결국 국가 경쟁력을 저하시키는 것이다. 역사적으로 보아도 자유민주적 기본질서에 충실한 국가들이 사회적 신뢰를 기반으로 경제가 성장하고 강대국이 되었음을 보면 우리나라도 1948년 건국 이래 지금까지 우리나라 발전의 바탕이 된 자유민주적 기본질서를 더욱 강화시켜 나가야 할 것이다. 이는 앞으로 자유민주적 기본질서를 해쳐 사회적 신뢰를 무너뜨리려는 어떠한 시도에도 방어할 수 있는 제도적 장치가 있어야 함을 의미한다. 자유민주적 기본질서가 살아 움직일 때 사회적 신뢰가 확보되기 때문이다.

B. 국가목표 공감 운동

잘 되는 국가의 국민은 자국에 대한 자부심과 미래 비전을 동시에 가지고 있어 역동성이 높고 미래지향적이다. 이런 나라의 국민은 국가목표를 충분히 이해하고 있기 때문에 정권 교체와 상관없이 꾸준히 중·장기적으로 일관된 전략을 추진해 나갈 수 있다.

대표적으로 독일은 주도적으로 프랑스와 유럽연합을 만들기 시작한 1952년 '유럽석탄철강공동체ECSC, European Coal & Steel Community'를 시작으로 1967년 '유럽공동체EC, European Community'로 확대 창설하고, 1992년 현재의 유럽연합을 창설해 1999년에 통합화폐인 유로를 도입, 유럽연합을 단일 통화권으로 만들어냈다. 독일은 유럽 내 압도적 경제력을 기반으로 거대한 단일 시장과 단일 통화를 만들어냄으로써 미국의 플라자 합의에 따른 환율 경쟁을 비껴갈 수 있었다. 2차 대전에 패배한 독일이 전범국에서 유럽연합을 기반으로 수십 년 만에 강대국으로 도약할 수 있었던 핵심 전략은 다음과 같다.

경제부흥이라는 국가목표를 설정하고 협소한 독일 시장을 넘어 무역을 통해 경제력을 강화하는 전략을 선택했다. 이를 달성하기 위해 반드시 이루어야 하는 것은 유럽 주요 국들을 단일 시장과 통화로 묶는 것이다. 이는 독일에 안정적 시장을 제공하고 아울러 경쟁력 대비 저환율인 유로를 사용하게 함으로써 수출 경쟁력을 더욱 높이는 것이다. 이렇게 유럽을 단일 시장으로 만들어 내기 위해 독일이 반드시 제거해야 할 것이 전범 침략 국가라는 이미지이다. 침략 국가 이미지 제거로 보통 국가로 거듭나기 위해 과거에 대한 처절한

반성과 반성하는 모습을 지속해서 대외에 보여줌으로써 독일의 국가 이미지가 상당히 나아졌고 주변 유럽국들의 경계가 완전히 풀린 것이다. 독일은 국민 전체가 국가목표와 그 달성전략에 대해 충분히 이해하고 있었고 그에 따라 정권의 변화와 상관없이 50여 년 동안 꾸준히 전략을 실행한 결과 국가목표를 달성할 수 있었다.

우리나라도 1960년대부터 '산업화를 통한 가난 극복'이라는 국가목표를 달성하기 위해 '우리도 한번 잘살아 보세'라는 간단한 캐치프레이즈와 함께 로드맵에 따른 경제개발 계획과 새마을운동을 병행하면서 전 국민이 동일한 국가목표 달성을 위해 매진해 산업화를 했다.

우리나라가 새롭게 국가목표를 설정한다면 국민의 이해와 공감을 이끌어내 살아 움직이는 국가목표로 만들어야 한다. 그러면 지금과 같은 진영논리에 따라 국가 전략이 급격하게 변경되는 일 없이 꾸준히 중·장기적으로 실행될 것이며 합리성이 제고될 것이다.

C. 전문인력 풀제(Pooling)

1997년 IMF 경제 위기 이후 우리나라에는 많은 구조적 변화가 있었다. 특히 민간 분야는 일에 대한 전문성을 중심으로 경력 개발이 바뀌었다. 즉 평생직장이 사라지고 평생직업을 중심으로 하는 전문성 개발이 핵심적인 경쟁력으로 떠올랐다. 그런데 문제는 공무원을 포함한 공공분야는 정년까지 철저한 신분보장과 순환보직으로 인해 전문가보다는 일반 행정가를 대량 양산하고 있다는 것이다. 그러다 보니 전문적인 일을 입안하고 실행할 때는 아웃소싱을 해야 하는 매우 비효율적 구조를 갖고 있다. 더욱이 비전문가를 조직의 장(長)으로 임명하여 전문적인 일을 추진해 잘못된 결과를 양산하는 경우가 허다하다. 대표적인 사례가 문재인 정부 들어 22차례나 실시된 부동산 규제이며, 이것은 부동산 전문가들이 보기에는 실패가 예견된 잘못된 진단과 잘못된 처방으로 정부에 대한 국민의 신뢰를 떨어뜨리게 했고, 촘촘한 규제로 인해 실수요자들에게 엄청난 피해를 주고 있다.

따라서 공공 분야에도 민간 분야의 전문가를 적극적으로 활용하는 전문인력에 대한 '풀제Pooling' 도입이 필요하다. 참여정부 시절 전 삼성전자 사장을 정보통신부 장관으로 영입하여 정보통신부 혁신에 큰 공을 남긴 사례가 있다. 이렇게 공공분야의 조직에 민간 전문가를 적극적으로 활용하면 실효성 높은 정책 개발뿐만 아니라 민간 전문가의 조직 내 구성원들에 대한 코칭 등으로 공공조직 자체의 전문성이 제고

될 것이다.

D. 법의 단순화 및 현실화

기업을 경영하든 작게는 가게를 운영하든 우리나라 조세법, 기업 관련 각종 규제 법규 등은 크게 세 가지 보이지 않는 원칙이 있다. 첫째, 불명확하고 모호한 규정으로 인한 코에 걸면 코걸이, 귀에 걸면 귀걸이 식 규제 때문에 국가 권력이 기업을 불법으로 쉽게 엮을 수 있다. 둘째, 현실에 맞지 않고 대다수 기업이 사실상 지키지 못하는 매우 이상적인 사항을 규정함으로써 잠재적 범법자를 양산하는 구조다. 이 또한 권력자가 쉽게 권력을 행사하여 부당한 이득을 취할 수 있다. 셋째, 빠르게 변화하는 현실에 적용할 법률이 없거나 미흡한 규정 때문에 탈법이 발생할 수밖에 없는 상황을 조장해 '정도 경영'이 아니라 '꼼수 경영'을 하도록 기업을 몰아가는 것이다.

이러한 법과 제도 하에서 기업은 거의 자발적으로 권력자의 비위를 맞추고 정기적으로 돈을 상납하는 거대한 부패 구조를 만든다. 이는 권력 상층부로부터 가장 아래 단계인 일선 공무원까지 포함한 전방위적 '부패의 악순환Vicious Circle of Corruption'이 되고 있다. 이 악순환을 끊기 위해서는 법과 제도를 지킬 수 있는 범위로 실질화하고 단순·명확하게 개선해야 한다.

E. 회계감사 실질화

회계감사는 기업에 대한 경영 진단의 기본 중의 기본에 해당하는 중차대한 것으로 회계감사에 기반하여 해당 기업의 실적과 자금흐름을 파악할 수 있고, 나아가 금융시장에서 투자 판단의 기초가 된다. 따라서 돈의 흐름과 관련한 투명성 확보를 위한 노력은 매우 중요하다. 2016년 대우조선해양 분식회계 사건이 발생했을 때 다음과 같은 네 가지 문제를 해결해야 함을 알 수 있다.

첫째, 기업과 회계감사를 담당하는 회계법인 간 오래된 동거를 끊어야 한다. 오래된 동거는 회계법인이 특정 기업에 대해 회계감사 용역을 수주해야 한다는 소위 '갑·을 관계'를 만들어 낼 수밖에 없다. 따라서 기업이 회계법인을 선택하지 않고 매년 무작위로 지정하는 방식으로 바뀌어야 할 것이다.

둘째, 회계법인이 회계감사 이외에 경영컨설팅을 제공하는 것을 금지해야 한다. 회계법인이 회계감사 수익보다 큰 경영컨설팅 용역비를 받고 있는 경우가 많은데, 이렇게 되면 제대로 된 회계감사를 할 수 없다. 따라서 회계법인의 경영

컨설팅을 분리해야 한다.

셋째, 제대로 된 회계감사를 할 수 있고 적정 수준의 이익을 달성할 수 있는 회계감사 용역비를 지불해야 한다. 대우조선해양 분식회계 당시 안진회계법인이 매년 7억 정도의 용역비를 받고 회계감사를 했다는 것은 말 그대로 수박 겉핥기식으로 할 수밖에 없는 수준이다. 제대로 된 회계감사를 하기 위한 투입 인력 및 기간 산정에 기반하되 기업의 매출 및 수익 규모에 따라 차등적인 회계감사 용역비 산정이 필요하다. 마지막으로 회계감사 결과와 상반되는 분식 등 부정이 발견되면 해당 회계법인을 망하게 하는 것이 필요하다.

제4장

실행체계

제1절 새로운 혁신세력

글로벌 패권 경쟁이 치열하게 전개되고 4차 산업혁명으로 산업이 재정의되는 상황에서 우리나라가 새롭게 설정된 국가목표와 이를 달성하기 위한 대내외 전략 방안을 수립하고 실행하기 위해서는 미래를 주도할 혁신세력이 등장해야 한다.

우리나라는 해방 이후 크게 다른 두 혁신세력이 등장했다. 첫 번째가 1961년 5·16 군사 쿠데타를 통해 집권한 군부가 만든 산업화 세력이다. 이 세력은 개발 독재를 통해 산업화의 기틀을 마련하고, 먹고 사는 문제를 해결해 지금의 한국이 경제면에서 세계 10위권으로 성장할 수 있게 한 주축 세력이다. 이 산업화 세력은 크게 군부, 관료, 재벌 등 3개 그룹이 주축이 되었다. 먼저 군부는 군사 쿠데타를 통해 정권을 창출하여 새로운 산업화 시대를 열었고, 이렇게 열린 산업화 시대의 국가 경제 계획은 관료 그룹이 수립하고 재벌 그룹이 실행했다.

산업화 세력의 공과(功過)는 뚜렷하다. 먼저 공적은 국가 차원에서 야심 찬 목표를 설정하고 그에 맞는 전략을 수립·실행하여 그 목표를 달성했다는 것이다. 즉 해방 이후 전 세계 최빈국 수준의 우리나라를 수십 년간의 산업화를 통해 세계 10위권의 경제 대국으로 성장시켰다는 것이 가장 큰 업적이다. 그러나 이렇게 훌륭한 공적에도 불구하고 산업화 세력은 지금 현재 우리나라에서 별로 인정을 받고 있지 못하다. 목표 지향적이었던 산업화 세력은 목표 달성을 위해 수단과 방법을 합리화시킨 과오가 있다. 경제발전이라는 목표를 위해 독재를 이용했고, 독재를 위해 인권을 탄압하고 민주주의를 억압했다. 또한 정경유착을 통한 거대한 부정부패가 끊이지 않았다. 이렇게 공과 과가 극명하게 갈리기 때문에 산업화 세력에 대한 평가 역시 보는 시각에 따라 상반된다.

두 번째는 독재 권력의 억압을 받으면서 우리나라 민주화를 위해 헌신해 마침내 투표를 통해 정권 교체가 가능하게 만든 민주 세력이다. 이 세력은 독재의 사슬을 끊어내고 권위주의를 혁파하여 언론, 집회 및 시위 등 헌법상 보장된 기본권을 실질적으로 온 국민이 누릴 수 있게 만든 주축 세력이다. 민주 세력은 크게 정치, 시민단체, 노조 등 3개 그룹이 주축이 되었다.

민주 세력의 공과도 뚜렷하다. 독재를 종식시키고 국민들에게 참 민주주의의 여러 혜택을 제공한 점이다. 언론과 표현의 자유가 보장되고 투표에 의해 정권이 바뀌는 민주화를 이루어내 정착시킨 것이다. 그러나 민주 세력은 이념에 치우쳐 이념에 따른 목표와 전략을 수립하고 실행한다는 특징이 있다. 문제는 이념에 따른 목표와 전략 수립에 있어 전문성과 사회·경제 기본 원리에 대한 상식적인 이해가 부족하여 여러 가지 정책적 실패를 만들어냈다. 예를 들어 저소득층의 소득 증대, 주거 안정 및 복지 증대라는 정책 목표를 달성하기 위한 방안으로 최저임금 인상, 부동산 강력 규제 등을 실행하여 결국에는 일자리 감소, 전·월세 급등, 부동산 가격 폭등이라는 시장의 역습(逆襲)을 유발해 정책 목표 달성은커녕 더 악화시키는 결과를 초래했다. 문제는 이렇게 결과가 악화되면 실패가 더욱 강하게 예견되는 정책을 추진하여 결과가 더욱 나빠지는 악순환을 야기할 수 있다는 점이다. 민주 세력 역시 공과가 뚜렷하다고 볼 수 있다.

그러면 미래 우리나라를 주도할 혁신세력은 누가 되어야 하는가? 이 혁신세력은 국가와 국민에 대한 사명감과 해당 분야의 전문성을 겸비해야 하고, 특정 이념에 매몰되지 않고 사실에 근거해 판단할 수 있는 합리성을 가져야 한다.

새로운 혁신세력은 첫째, 반드시 국가와 국민에 대한 사명감을 가져야 한다. 이 사명감은 소아小我를 버리고, 즉 개인 일신의 영달을 버리고 국가와 국민에 대한 철저한 봉사 정신으로 무장하여 공명정대한 자세를 갖는 것을 의미한다. 역사적으로 볼 때, 임진왜란 당시 이순신 장군이 이러한 사명감을 대표하는 인물로 보이며, 이러한 제대로 된 사명감을 갖는 세력이 반드시 나타나야 할 것이다. 부정부패한 세력은 이러한 사명감보다는 권력을 이용해 개인과 그룹의 사익을 추구한 것으로 철저히 배제되어야 할 것이다.

둘째, 해당 분야별 전문성을 반드시 가져야 한다. 글로벌 환경 변화에 대한 이해와 경험, 북한에 대한 이해와 경험, 정치, 경제, 금융, 산업, 문화, 교육 등 각 해당 분야별 1만 시간 이상의 경험을 보유하고 시장에서 인정받은 전문가 그룹이 세력화하는 것이 필요하다. 평생을 특정 이념에 사로잡혀 집회·시위 중심으로 경력을 쌓아 특정 분야에 대한 전문성이 없는 세력은 철저히 배제되어야 한다.

마지막으로, 사실에 근거해 합리적으로 사안을 판단할 수 있어야 한다. 사실이 명백한데 진영논리에 따라 다르게 해석하고 다른 결정을 내리는 경우가 없어야 한다. 따라서 특정 진영논리로 사실을 호도하는 세력은 합리성을 상실한 것으로 철저히 배제되어야 한다.

제2절 혁신세력의 구조화

새로운 국가목표 설정과 이 목표를 달성하기 위한 대내외 전략 수립 및 실행을 추진할 혁신세력은 중·장기적으로 국가의 방향성을 제시하고 변화를 주도하며 관리해야 하기 때문에 구조화되어야 한다.

먼저 새롭게 우리나라를 이끌어 갈 정치 그룹이 필요하다. 이 정치 그룹은 기존의 정치 그룹이 가지고 있는 과거의 과실을 넘어선 새로운 그룹이어야 한다. 특정 이념, 지역 기반, 부정·부패, 비전문성 등을 넘어 새로운 국가목표와 전략 수립을 통해 우리나라를 다시 한 단계 더 발전시키겠다는 사명감을 가진 그룹이다.

새로운 국가목표 설정과 대내외 전략을 수립하는 싱크 탱크 그룹도 필요하다. 이 그룹은 글로벌 주요 국가에 대한 전문성, 정치, 안보, 경제, 산업, 금융, 사회, 문화 등 각 분야별 최고의 전문성을 보유한 그룹이 독립성을 가진 조직으로서 구조화되어야 한다. 이 싱크 탱크 그룹은 국가 전략 수립이라는 본연의 임무 이외에도 새로운 정치 그룹에 몸담을 미래 인력을 양성하는 역할도 수행한다. 미국도 다수의 싱크 탱크 그룹을 두고 국가 전략 수립에 많은 도움을 받고 있으며 이러한 싱크 탱크 출신의 영향력 있는 정치인도 많이 배출하고 있다.

마지막으로 수립된 전략을 실행하는 기업가 및 관료 그룹이 필요하다. 기업가 그룹은 산업전략을 실행하여 국가 경제를 향상시켜 나가며, 관료 그룹은 법과 제도를 바꿔야 한다. 기업가·관료 그룹은 전문인력 풀제(pooling)를 통해 상호 필요한 인력을 적재적소에 배치하여 해당 분야의 전문성을 높여 나가는 것이 필요하다.

이렇게 새로운 혁신세력이 정치 그룹, 싱크 탱크 그룹, 기업가 및 관료 그룹으로 구조화되면 우리나라를 새롭게 한 단계 더 발전시켜 나가는 핵심 역할을 수행할 것이다.

제5장
맺는 말

　우리나라 전체에 대한 미래전략을 수립하는 것은 매우 힘든 일이다. 국가 전략의 특정 부분을 다루는 책들은 많이 존재한다. 전략 수립의 선행 과제인 글로벌 환경분석, 특히 미·중 글로벌 패권 경쟁 등을 다룬 책들과 우리나라 미래 경제, 정치 등 해당 분야별 미래전략은 다수 존재한다. 그러나 국가 전체 전략을 개발하기 위해서는 글로벌 차원의 정치 및 경제에 대한 이해, 북한에 대한 이해, 우리나라 정치, 안보, 경제, 산업 등 다방면에 대한 이해가 필요하기 때문에 다루기 어려운 주제임이 분명하다.

　그럼에도 필자가 이 어려운 국가 전략이라는 주제를 다루는 이유는 지금이 바로 제대로 된 국가 전략 수립이 필요한 때라고 보기 때문이다. 흔히 요즘이 단군 이래 우리나라가 가장 잘 사는 상황이라고 한다. 말 그대로 국운이 펼쳐나가는 시기로 보인다. 그러나 우리나라는 글로벌 정치 및 경제 환경 변화에 따라 큰 영향을 받을 수밖에 없는 상대적으로 작은 나라다. 즉 글로벌 환경 변화에 따라 우리나라에 큰 위기와 큰 기회가 동시에 오며, 이 변화를 어떻게 읽어내고 선제적으로 준비하느냐에 따라 국운이 결정되는 상황이다.

따라서 글로벌 정치 및 경제 환경 변화의 핵심인 미·중 글로벌 패권 경쟁과 관련해 미래 시나리오를 이해하고, 우리나라가 나아갈 방향에 대해 공감대가 형성되었으면 한다. 목표 없이 떠도는 배는 언젠가는 풍랑을 만나 가라앉듯이 목표 없는 국가도 환경 변화라는 풍랑에 휩쓸리다 현재의 지위를 잃어버리고 침몰하는 경우가 많았다. 우리나라가 처한 대내외적 풍랑을 잘 헤쳐나가기 위해서는 명확한 국가목표 설정과 그에 맞는 전략 방안, 변화의 전제 조건에 대한 공감대가 형성되어야 한다.

다만 이 책에서 제시한 미·중 글로벌 패권 경쟁 시나리오, 우리나라 국가목표, 대내외 전략과 실행 체계 등은 필자 개인의 의견이며, 세부적으로 보다 깊이 있게 들어가야 할 사안도 많이 있다. 물론 필자와 다른 견해도 있을 수 있다. 필자는 사안별로 다양한 의견을 존중하며, 토론을 통해 면밀히 분석해 우리나라 국가 전략 개발에 도움이 되기를 기원한다.

Second Miracle
대한민국 두번째 기적을 위한 미래전략

초판 1쇄 발행 2020년 9월 25일

지은이 황훈진
발행처 예미
발행인 박진희, 황부현

출판등록 2018년 5월 10일(제2018-000084호)

주소 경기도 고양시 일산서구 중앙로 1568 하성프라자 601호
전화 031)917-7279   **팩스** 031)918-3088
전자우편 yemmibooks@naver.com

ⓒ황훈진, 2020

ISBN 979-11-89877-36-1   03320

이 도서의 국립중앙도서관 출판예정도서목록(CIP)은 서지정보유통지원시스템 홈페이지
(http://seoji.nl.go.kr)와 국가자료공동목록시스템(http://www.nl.go.kr/kolisnet)에서
이용하실 수 있습니다. (CIP제어번호 : CIP2020036641)